行进苏路　凡人凡事

——江苏公路人的德行善举

江苏省交通运输厅公路局　**编**

北京交通大学出版社
·北京·

张文芳：心中有路也有家

◉ 徐峻荣

他不停地奔波在路上，保证路网的畅通；他真情地守护在病榻边，温暖病重的妻子。

张文芳，南京市公路处江南高等级公路管理站党支部书记，自从 2014 年 3 月兼管公路养护工作以来，他几乎每天都上路奔波两三百千米，以致车胎磨得特别快，鞋也坏得特别快。爱人生病 3 年，他悉心照料，天天帮她穿衣、洗澡、按摩，由于过度劳累，年仅 43 岁的他已头发花白。

正是因为这样一份不同寻常的无私付出和奉献，他先后获得了南京市公路处优秀党员、南京市交通系统创建文明行业先进个人及全省交通行业文明职工标兵等荣誉。

用脚梳理排水系统

江南高等级公路管理站负责 140 多千米主线公路的管养。2014 年，为了保障青奥会期间的交通畅通，绕城公路环境综合整治成为提升南京市城市形象的重点。面对这一严峻的挑战，分管养护工作的张文芳连续100天未休息，为了每天都能看到这条公路的最新进展，他早晨7点就从家里开车出发，绕路走玄武大道，然后驶上绕城公路，一直到宁马高速公路，这些都是他所负责的巡视范围。沿线绕南京城半圈，长途奔波 50 多千米，一处处查看整治进展情况，现场帮助解决实际问题。像这样的路程，他每天都要跑上两个来回，累加起来的里程高达两三百千米。路程跑得多了，汽车的燃油消耗也必然增大，为此，他 3 天左右就得给车加一次油。

除了开车对路况进行巡视外，在关键地段，他还亲临一线，一步步深入现场进行实地踏勘。

作为“金陵第一路”，青奥会前，绕城公路的万家楼匝道、刘村匝道、凤台南路匝道和铁心桥匝道全部都要通过整治实现提档升级。凤台南路匝道处的苗圃由于地形复杂，加上旁边又修了不少新路，致使排水系统不畅，常年积水，一些地块已经成了沼泽，杂草丛生。为了彻底解决这一“老大难”问题，他找来了懂工程的工作人员，并和其他站领导一道，在7万多平方米的区域里来来回回走了许多趟，沿着沟渠找上下水通道，终于排除万难，摸清了每一条沟渠、箱涵的地形，随后重新做好排水系统，将影响匝道环境的积水问题彻底排除。

“书记都是管党务的，没想到他这个门外汉，居然深入现场帮我们解决了‘老大难’问题……”说起这件事时，宁马养护工区主任李文俊表达了由衷的敬佩之情。

确实，从政工干部变成业务干部，张文芳依靠脚踏实地的工作作风，实现了职业生涯的华丽转身。“虽然不是学的这个专业，但既然分管了，就得多学多问，最管用的办法就是天天去路上走走看看。”他说得很实在，也很轻松，但这种轻松的背后却有着极其艰辛的付出。

因为白天工作太忙，他今年小升初的女儿本来靠成绩有可能被29中重点班录取，但是却错过了资料投递时间，只能上普通班，为此他没少被妻子抱怨。但是他和站里全体职工用辛勤的汗水和无私的付出为南京市在青奥会期间创造出了整洁、优美的公路通行环境，得到了国际奥委会主席巴赫发自内心的称赞。

用情建起民工浴室

在清扫车操作手黄柏芝眼里，张书记“没架子，关心职工”。这位来自宿迁的80后小伙子的妻子和孩子都在老家，他和二十多名操作手、驾驶员同住在江南站的宿舍里。2014年夏天，张文芳上路慰问职工时，黄柏芝向书记反映了公路大型机械操作手工作很辛苦，夏天干活要光膀子，下了班回来却没地方洗澡，只能自己接根自来水管草草地冲冲。

黄柏芝说："没想到书记特别把这当回事，专门安排为我们 9 个大型机械操作手在宿舍边建了一个有太阳能热水器的淋浴间，解决了我们生活的大问题！"

设备部经理陈磊说："考虑到这些操作手基本都来自外地，书记每次见了我总说，要多关心他们，生活上、工作上有困难就说。如果他们家里有急事要回家，不要瞒着，要协调，一定要注意安全。"

张文芳不仅非常体贴和关心一线的职工，他还一直大力提倡爱心助学。在 2011 年张文芳刚调任江南公路站当书记不久，路政职工吴成取突发心脏病去世，他爱人在紫金山索道公司上班，孩子刚上小学 6 年级，非常困难。张文芳当即捐款 1 000 元，同时发动职工捐款共计 5 万元。他说："孤儿寡母不容易，我们将一直赞助孩子到高中毕业……"除此之外，在张文芳的带动和倡导下，江南公路站还开展了一些定点的社会助学，如竹镇镇小学的韩蕊和溧水县东屏中心小学的王蕾等都是江南公路站定期资助的贫困家庭儿童。

用爱温暖病重妻子

职工们看到的是一个不停奔波的公路人，一个关心职工、没有架子的好领导，一个下班推掉所有应酬匆匆赶回家的人。但是很少有人知道，他更是一个好丈夫和好父亲！

三年前，他的爱人查出患有运动神经元疾病，从最初的手掌虎口肌肉萎缩，到现在无法独立行走，面对命运的无情挑战，他用全部的爱顽强地撑起一个家，为妻子带来了冬日的暖阳。

早晨起床，他给爱人穿衣服，帮她洗漱；晚上吃完饭，他扶妻子出去透透气，说说一天的各种见闻；然后帮她洗澡、擦身，并做一个小时的全身推拿……为了治病，他们去过南京、上海好几家大医院，现在每周两个晚上到中医那里针灸，风雨无阻。

“刚出锅的馒头，看上去很有食欲吧！”张文芳指着他在朋友圈发的图——做馒头、包饺子、烤面包，“我老婆是北方人，喜欢吃面食，但是以前都照顾我吃米饭了，现在该换我照顾她了！”他现在对于各种面点样样精通。

张文芳不仅在生活中无微不至地照料着妻子，他还是妻子的心理导师，“活着，哭也是一天，笑也是一天，我们为啥不笑着过呢？希望总是有的，万一实现了呢？”在他的鼓励下，身为大学教师的妻子用还能动的手指在QQ空间写起了日志，并且重新投入到教学工作中，尽管由于身体上的原因暂时无法回到学校授课，她仍然选择在家里帮学生们修改论文，和他们一起讨论相关问题……更神奇的是，她的病情也开始趋于稳定。

“其实我做的事情很普通，既然是夫妻，那就无论生老病死都有互相照顾的责任。”张文芳微笑着说。他坦言，结婚时没办婚礼、没穿婚纱一直是妻子的遗憾，他特别想趁现在妻子还能动，去海南的海边陪她晒晒太阳，给她穿一次婚纱！只是要再等等吧，再等等，因为“公路养护上的突发事情太多了，等工作轻松点再去！”

张志宁：始终心系群众

◉ 徐峻荣

在工程建设中，张志宁自己创造了这一公式——一个优质的工程＝科学的设计＋优质的材料＋精细的施工＋严格的监管＋科技创新。

张志宁，39岁，现为南京市公路管理处重点工程建设指挥长，是一名一线工程建设管理人员。

1997年参加工作的张志宁，至今已在公路工程一线奋战了18个年头。在这期间，他先后担任过工程技术员、项目经理、南京市公路管理处江南站副站长。从2009年起，开始担任239省道项目等6个工程的指挥长，并兼任工程指挥部党支部书记。在2012年到2014年期间，他同时担任四大重点建设工程项目的指挥长，所管理的干线公路建设里程达150千米。尽管困难重重，压力如山，但他始终坚信，只要心系群众，信念不倒，依靠组织和集体，就没有迈不过的坎儿，也没有克服不了的困难！

带着这样的信念，张志宁在工程建设管理实践中注重积极、主动地化解矛盾，严格把好工程质量和安全等各道关口，同时大力推进新技术、新工艺的运用，在不断进取和创新中促进工程优质、高效地完成。正是凭着这样高度的责任意识和拼搏精神，他所负责的每一项工程都被江苏省和南京市质量监督部门评为优良工程，239省道工程和246省道工程均被江苏省交通运输厅评选为2012年度“江苏省交通建设优质工程”项目，个人也屡次获得江苏省和南京市有关部门的表彰。

作为工程一线的指挥员，一个最基本的要求就是要对自己所负责的工程了如指掌。每到一处工地，张志宁都仔细查看工程进度，了解质量、安全情况，帮助解决现场出现的问题，在“沉底”指挥协调中尽可能多地掌握第一手资料。在工程的间隙，他抓紧召开相关会议，听取各部门的工作汇报，对工程进行协调、督促和推进，并针对具体问题召开专家论证会、项目进度推进会及与地方政府或管线产权单位的协调会……他就是这样一天天地忙碌着，夜间一两点休息是常有的事。

作为数个工程的“大管家”，在很多人看来，这个位置是个难得的“肥差”。客观地说，这种认识并不是空穴来风，社会上确实有很多人都是在工程建设领域中身陷腐败泥潭的，然而张志宁深知，如果让“贪”字在内心找到生根之处，那将是非常可怕的事情！因此，在面对工程建设市场各种复杂的利益关系时，他始终注意提醒自己，也提醒周围的人要廉洁自律，淡泊名利，严格按照工作程序和纪律办事，不做违背良心、祸害集体和家庭的事情。工程施工期间，一位朋友打来电话，提出能否利用关系，将他们公司的机械设备租赁给施工单位。张志宁告诉他：“我们正在学习廉政手册，这样做，可是违反 52 个‘不准’的啊！”就这样婉言拒绝了朋友的请求。

在工程建设过程中，时常会遇到与当地居民切身利益有关的问题，每当此时，他都注意秉持建设为民的理念，尽可能换位思考，既全力解决百姓遇到的困难，又不折不扣地保证工程的正常推进。当 246 省道工程在经济溧水晶桥镇的一座村庄时，当地居民与政府之间产生了矛盾，项目受阻近 4 个月，迟迟不能动工。为解决该问题，张志宁来到村庄里，一家家走访，与居民面对面地交谈，针对居民们提出的 10 条意见，逐条采取措施落实后，居民关心的问题得到了解决，原来尖锐的矛盾就此化解，工程也得以顺利推进。

“一个优质工程 = 科学的设计 + 优质的材料 + 精细的施工 + 严格的监管 + 科技创新。”在工程建设中，张志宁创造出了这一公式。

需要拆除的胥河大桥是跨河支架现浇变截面连续箱梁结构，如果使用传统的搭支架或切割拆除的方式，不仅安全隐患大，而且费用高。张志宁为此组织召开了 5 次专家论证会，经多次研究后，决定采用水压式爆破的方法拆除。这是南京市首次使用爆破方式拆除大型桥梁，如果使用传统的拆除方法大约需要资金600万元，而采用水压式爆破方法所需的费用仅有传统拆除方法的1/4。这一低成本的桥梁拆除技术随后成为了交通运输部提倡的国家级工法，在接着实施的南京市城西干道桥梁拆除中也同样采用了该技术。

在239省道工程中，张志宁积极引进了热再生沥青砼技术，该工艺在南京市公路管理处所属省道项目中系首次应用，它不仅降低了成本，还保护了环境。这项技术推广后，不仅每吨沥青混合料可以节约成本约20元，而且239省道剩余的旧沥青在246省道上得到再次利用，两个项目总计节约工程造价约150万元。工程施工结束后，张志宁认真总结了施工经验，在《城市建设理论研究》杂志上发表了题为《沥青路面厂拌热再生技术方法及特点》的文章。

除此之外，在246省道和溧白线沥青面层的施工中，张志宁还积极采用了温拌沥青技术，既节约了大量的重油，又减少了重油燃烧所产生的碳排放，并有效地降低了工程成本。目前在建的溧白线是南京市干线公路中首条“低碳、环保、生态”示范路，在公路的规划、设计、施工、运营及养护等全寿命周期中，都贯彻并采用了这一新理念。

徐衍亮：对每千米路桥都了如指掌

◉ 徐峻荣 孙逸飞

20 多年来，徐衍亮对辖区内的 773 千米公路和 285 座桥梁了如指掌。

1994 年，路桥专业毕业的徐衍亮风尘仆仆地来到南京，从此与公路结下了不解之缘。从基层公路的养护员到南京市公路处养护科副科长，公路处管养的每一条道路上都留下了他坚实的脚印。

一天跑 400 多千米

南京市公路处养护科承担着全市 773 千米公路及 285 座桥梁的管养任务。要做到对每一段道路的路况都清楚明了，对每一座桥梁的性能都了如指掌，没有其他捷径，徐衍亮靠的就是不断地跑现场了解情况。

由于全市的管养公路分布在东南西北各个不同的地方，每一处路桥都要用车子去跑，用脚步去量。徐衍亮经常一天奔波 400 多千米，相当于从南京到句容路程的八九倍。

在这 20 多年中，他补过的路和修过的桥不计其数。他自己都数不清了。尤其是 2013 年担任养护专项工程项目办主任后，市里每一个养护大中修和危桥改造工程中都有他忙碌的身影。从制定方案到招投标，再到项目实施，每一个工地他都要反复跑上许多回。假期里当许多家庭欢乐地出游时，他却在炎炎烈日、烟尘滚滚的工地上度过；当他顺利完成任务，带着一身尘土与汗水回到家中时，只能愧疚地对妻儿道声对不起。

为了抓好施工质量和安全工作，徐衍亮不仅放弃了节假日，甚至很多个夜晚，他都值守在施工现场。由于组织到位、监管严格、质量过硬，在近几年江苏省交通运输厅公路局举办的养护大中修年度综合评比中，南京市公路处均位居前两名，其中有 3 次获得了第一名。

4 个月完成 15 个大中修项目

2015 年是江苏省交通运输厅“迎国检”之年，养护大中修项目

制施展不开的情况，为此他建议采用 UGM 免振捣高强混凝土，从而改变了施工方式，保证了狭小空间内混凝土构件的维修质量。

从来不怕烦、难、苦

“不怕烦、难、苦”是南京市路桥工程总公司副总经理陈阿俊对徐衍亮从事养护工作的评价。两人认识及合作已有 20 多年，徐衍亮朴实的形象和敬业的精神给陈阿俊留下了深刻的印象。

“养护工程不像新建路桥，面临的是一边要组织交通通行，一边还要组织路面施工，牵涉到社会方方面面的关系，不仅烦，而且难，安全压力大。”陈阿俊清楚地记得，2013 年因宁马高速公路出现大坑洞需要修补时，局部路段因此“瘦身”为双向两车道，这条高速公路原本就经常性地通行不畅，这下行车就变得更加艰难。面对许多过往车主的不理解、不赞成，徐衍亮要求工程尽可能安排在夜间进行，还在 2 千米和的路面上安排了 70 多名工人加班加点；同时，他还与交警部门协商，保证即使在夜间也有交警的巡逻车不间断地疏导交通。白天，徐衍亮要在各个路段查看路况，夜间还常常监督施工单位现场施工，保证安全生产，有时候一忙就很多天不能回家。

让陈阿俊最有感触的是，与徐衍亮合作时，不管现场遇到什么样的难题，他都乐于提供技术指导，从不推托。在公路养护中，现场情况往往会发生很多变化，有时候扒开路面才发现下层的情况与设计方案完全不同，徐衍亮为此亲自勘察，与施工单位一起商讨出既快又好还省钱的解决办法。

从事公路养护工作，吃苦是免不了的。很多行业在每年的酷暑季节会安排休息，而徐衍亮他们却必须抓紧在最热的这几个月，也就是最有利于施工的时间，忙工程、赶进度。这时的室外温度往往已经高达40度，同时还要处理160度的沥青，战高温、斗酷暑已经成了徐衍亮他们的“家常便饭”。

养护工程通常不容易看出成绩，同事们形容徐衍亮是默默无闻的“老黄牛”。但对于徐衍亮来说路修平整了，老百姓出行就顺畅了，看着人们融洽、安心地来往，他既欣慰又乐在其中，用他的话说，“这就是我工作的意义”。

戈铭：青春在工程一线闪光

◉ 孙逸飞

自 2009 年参加南京南站工程建设以来，连续 3 个大年初一戈铭都在工地上度过。在转战江北大道工程后，2013 年和 2014 年两个春节，工地现场再次出现了他的身影。

城市的发展和变迁，常常体现在城市交通日新月异的变化之中。如果说一座城市的生机与活力离不开市民百姓的幸福与笑容，那么一座城市的发展与演变也必定离不开建设者的辛劳与汗水。现任南京市公路管理处江北大道指挥部工程部主任的戈铭，自从进入南京交通建设队伍这个大家庭以后就长期奋战在路桥工程建设管理的第一线，先后参与了宁通公路高速化工程、龙潭港疏港一级公路、南京南站集疏运道路和江北大道城市化改造等一系列重点交通基础设施建设项目。在一场场考验和磨砺中，他不断提高专业素养，数年如一日，在自己的岗位上默默奉献，无怨无悔。

连续 3 个大年初一都在工地度过

2012 年 8 月，根据组织安排，戈铭从南京交通主枢纽南京南站工程指挥部质监部长的岗位上转战江北新区，担任江北收费站副站长兼任江北大道城市化改造工程指挥部的工程部主任。

总投资达 68 亿元的江北大道城市化改造工程是 2014 年南京青奥会的重点配套项目，也是全面贯彻市政府“拥江发展战略”，缓解南京市主城区与江北副城之间交通压力的民生工程，与一般的干线公路建设相比，该工程有着“政治定位高、建设规模大、管理模式新、有效工期短、拆迁矛盾多、管线情况杂”等显著特点和难点。工程全线包含主线、匝道和桥梁等面积达 41.58 万平方米，各类房屋拆迁面积达 28 万平方米，各种高压电缆、燃气、自来水管、污水管道等纷繁复杂，全线居民集中，部队、学校、厂房林立。有着多年从事大工程经验的行家、领导在参观过江北大道工程现场后，都对工程能否如期完成表示怀疑。

自 2009 年参与南京南站工程的建设以来，戈铭连续 3 个大年初一都在工地上度过，在转战江北大道城市化改造工程后，2013

年和 2014 年两个春节，工地现场再次出现了他的身影。由于工程时间紧、任务重，牺牲节假日休息已经成了戈铭等工程建设人员的常态，他们早晨迎着晨曦走进工地，深夜披星戴月回到宿舍。龙华广场到浦泗立交桥这 15 千米长的江北大道工地，已成了他的第二个家。

戈铭就是以这样敢啃硬骨头的担当精神，实现了从原来专注于质量检测的单一技术管理到面向全盘、综合管理的华丽转身。

由于项目前期征迁工作滞后了 8 个多月，且从开工到青奥会开幕之间还有两个冬季，因此导致原本就不宽裕的有效工期更加紧张。作为负责控制性工程的主要管理者，戈铭在工程组织上采取了多项应对措施：主动靠前，对地方拆迁部门和沿线街道拆迁责任人采取“人盯人”的督战方式，推动拆迁工作；打破以资源配置为核心的静态、常规计划，调整为紧密围绕拆迁进展的动态、倒逼计划，见缝插针地组织桥梁桩基施工，为上部结构形成连续施工面创造条件；将工程项目化整为零，统一指挥，平行交叉与流水作业方法相结合。做到拆一间房，打一根桩，房子拆到哪桩就打到哪。在遇到管线拆迁进度缓慢等困难时，戈铭及时组织设计院和相关专家会商，对桥梁桩位进行合理优化，如 12 标段就调整了 322 根桩位和 22 联上部结构以避让燃气、电力管线，在确保管线安全的同时，还节约了工期 60 余天。

把民生工程真正建成民心工程

江北大道城市化改造工程全线的桥梁结构体量巨大，混凝土总量接近80万立方米，由于在浦口老城区没有建设混凝土拌和站的空间，因此必须购买生产好的商品混凝土，如何控制和保证混凝土的质量就成为了摆在工程管理人员面前的一大难题。为此，戈铭把他在南京南站工程中首创的商品混凝土“红、黄牌”制度引入江北大道城市化改造工程。所谓“红、黄牌”制度，就是给参与江北大道城市化改造工程建设的商品混凝土厂家列出8个“黄牌”警告项，凡在检查中发现有8类行为之一的，给予黄牌警告，发现两次则清退出场。制度实施后，发出了2份黄牌警告，给相关企业带来了极大的震动，有效地提高了对商品混凝土质量的监管水平，这一制度现在已经被许多工地借鉴，成了新的管理标准。

建设和发展往往伴随着阵痛，城市重大交通基础设施在建设过程中往往会与沿线居民的正常生活产生不可避免的矛盾。“我们必须经常换位思考，如果我自己生活在工地附近，我的幸福感在哪里？我们必须尽自己最大的努力满足沿线居民的要求，尽自己最大的努力求得他们的理解，否则我们根本就不配说什么‘修路修德、造桥造福！’”这是戈铭常常跟施工单位讲的，他也是这样做的。面对紧迫的工期和同样紧迫的投诉压力，他没有退缩和推诿，一方面督促施工方合理调整作业时间，把夜间施工的工点尽可能减到最少，并积极争取环保部门的政策支持，多次深夜陪同区环保部门稽查执法人员调查夜间噪声情况；另一方面，他带领施工单位的现场负责同志，挨家挨户地到投诉群众家中协调，力争取得谅解。对于顶山街道的一户长期身体不好的退休教师家庭，他更是想方设法要求施工单位在远离现场的项目部整理出一个房间供老人晚间居住，得到了群众的谅解和好评。尽管工程在建设期间给沿线群众带来了很多不便，但通过戈铭等工程负责人员的努力和协调，沿线居民普遍对工程的建设给予了理解和支持，因此工程在保证按期完成和施工质量的同时，还获得了较好的社会效益。在戈铭的带领下，江北大道建设者中热心助人、传递正能量的事情还有很多，他们共同用实际行动践行着“把民生工程真正建成民心工程”这一理念。

大爱无痕，精神闪光。多年来，戈铭在波澜壮阔的南京市交通建设舞台上默默耕耘、埋头奉献，获得了南京市公路管理处十佳青年、南京市公路管理处优秀共产党员、全省交通工程质量工作先进个人、南京市优秀共产党员、南京市劳动模范和江苏省交通系统100人才等多项荣誉。

许辉根：真情相系国道线

◉ 汤远尧　朱云燕

他平均每天都要在所负责的 95 千米的国道上跑一个来回，行程达 190 千米；国道突发危险品运输车翻倒，他连续 20 多个小时在一线疏导交通；2008 年暴雪，他和站里的路政人员一起，在单位里住了半个多月……

许辉根，312 国道镇江段公路管理站的一名路政员，每天至少要在所负责的95千米的国道上跑一个来回，行程达190千米；碰到暴雨、大雪等恶劣天气，别人恨不得躲在家里不出门，他却要在路上跑两

个甚至三个来回，因为在恶劣天气下险情多，他需要在第一时间发现并通知相关部门处理。

黝黑的皮肤，一脸沧桑，这是许辉根给人的第一印象。“我们路政人员主要是在路上巡查，发现交通事故要及时通知公安 110、急救 120 等来处理，并放置安全锥，疏导交通；看到路面有影响交通安全的物品如石块、泥土、危险化学品或倒塌的树木等，要及时进行清理；发现有人在公路用地内搭建违章建筑、设置违法标牌等，要通知其立即拆除，维护公路路产路权……”许辉根说，“用一句话概括，确保道路安全畅通就是我们的职责！”

那是一个下雪天，夜里 22 点 40 分左右，许辉根和同事巡查至 312 国道隆昌寺门前时，发现由于雪天路滑，两辆车相撞了。

“我们立即拿着安全锥等警示标志下车，一下车就发现这段路有薄冰，特别滑，而且有坡度及弯道，非常危险。于是，我们第一时间设置好了有反光作用的警示标志。”许辉根说：“才设置好一两分钟，一辆气罐车就开了过来，由于驾驶员发现了警示标志，随着长长一声‘吱’的尖叫声，气罐车在距离事故车辆 10 米处停了下来，从而避免了一场更严重的事故。”

312 国道镇江站路政科副科长孟琦说：“及时、妥善地处置交通事故，对路政人员来说既是基本的工作职责，也是非常常见的工作场景。每逢遇到暴雨、大雪等恶劣天气，路政人员基本都要吃住在单位以便一有险情就能在第一时间上路处理。雪最大的 2008 年，站里的全体路政人员在单位连续坚守了半个多月，根本顾不上照料家里。”

2015 年 5 月 31 日夜里 23 点，一辆危险化学品运输车行至 312 国道与枣林路的交叉点时，由于驾驶员刹车太急，车辆翻倒在路面上。泄漏的化学品污染了大幅路面，刺鼻的气味四处蔓延。

许辉根和其他路政人员得知险情后在第一时间赶到现场，设置警示标志，疏导交通，疏散行人，指挥救助。“不知道是什么化学品，只知道味道很难闻。过往的车辆都关紧了窗户，过往的行人也都掩着口鼻匆匆走过。”许辉根回忆说：“我们由于出发匆忙，根本来不及戴口罩。大家都忍着难闻的气味，坚守在一线，处理这一紧急事件。”

许辉根和他的同事们通知了环保、养护等部门，并指挥养护人员对路面危险品先用石料进行覆盖，之后进行清扫，然后用水冲洗路面，他们不顾危险化学品可能对健康造成的损害，奋勇抢险，全力以赴，直到 6 月 1 日中午 12 点左右，才将路面上有毒的粘稠危险品清理完毕，道路随后全面恢复畅通。

由于工作兢兢业业，许辉根当选为站里路政一中队的中队长。他的一位老乡找到他，想利用关系在公路用地范围内设置非公路标牌，还给他送去了购物卡。许辉根婉言拒绝了，他对老乡说：“你想在公路用地范围内设置非公路标牌可以按照程序进行申请，但你这样的行为是不可取的。”他的老乡看到“打人情牌”不管用，只好按照正常程序进行办理。

在日常工作中，许辉根接触的更多的情况是沿线居民在公路用地范围内搭建违法违章建筑。2014 年 7 月份，在 312 国道丹阳路段，有居民在距公路 16 米处搭了一排房子，而按照《公路法》规定，在公路两侧 25 米内不得有建筑。许辉根发现后，告知居民，请他们停止违建。居民说你能不能睁只眼、闭只眼，假装没看见。他仍不停地向居民做工作，并请来村里干部协调，最终居民同意拆除一间房，达到《公路法》所规定的要求，保护了国家公路的路产路权。

如果说，有些遗憾会随着时光慢慢变淡，那么，还有些遗憾可能永远也无法弥补。

2010 年，许辉根的妻子罹患直肠癌，需要定期化疗，这让作为中队长的他陷入了两难：一边是工作放心不下——手中有那么重的巡查任务，怎么能放手不管？一边又是自己深爱的妻子，此时她更需要他的照顾、安慰和陪伴。整天忙碌的他只能在工作完成之后，将执法车停到单位，再匆匆地赶去陪爱人就医。其实，他也知道那段时间单位对他是“大开绿灯”的，但他同时也很清楚，路政人手有限，如果自己少做一些，同事就要多负担一些。当爱人害怕因化疗带来的脱发而改变容貌时，他深情地对妻子说：“我剃了头发陪你。”第二天，同事们的身边多了一个“爱意四射”的光头。直到今天，那个光头形象仍然会给大家带来深深的感动。

许辉根的爱人最终还是离开了，她走时带着深深的遗憾，为了弥补这份遗憾，有一次许辉根坐飞机，怀里紧紧揣着一张妻子的照片。跟丈夫一起坐一次飞机是这位路嫂生前的愿望，而这个愿望如今只能以这样满怀沉重和遗憾的形式来实现。

“生活不可能没有遗憾，既然选择了路政作为职业，我就要热爱这份工作，为自已的选择作出最大的努力。”朴实的话语中闪现着一个普通路政人员纯洁和高尚的心灵。

宋帅："90后"机械能手的国际梦

◉ 汤远尧

在高温天气，太阳直射在铁皮制成的车顶上，使得车内温度比外面温度更高，最高时可达50度。

“我最希望能有机会参加国际性的装载机技能竞赛，取得名次，为祖国争光。”这是2014年中国技能大赛——第六届全国交通运输行业技能大赛“厦工杯”筑路机械操作工技能竞赛装载机项目第一名获得者宋帅的心愿。面对媒体的采访，这位24岁的年轻小伙有点腼腆，但眼神里却透着一股坚定的力量。

宋帅是山西临汾人，高中毕业后选择就业，学了一年的机械操作。2010年，宋帅来到镇江，加入到交通公路工程的建设大军中，成为了一名装载机操作工，整天在工地上开着机械辛苦作业。

“开装载机很辛苦，特别是夏天。”宋帅说：“我开的装载机驾驶舱内没有空调，工地上又没有遮挡，一到高温天气，太阳直射在铁皮制成的车顶上，使得车内温度比外面温度更高，最高时可达50度。我需要顶着酷暑，小心谨慎地操作：装载的土方、材料等要放到指定位置；边边角角的地方要尽可能处理好，少留死角；路基要尽可能填平，为提高路面的平整度打下基础。”

瘦瘦的、黑黑的、并不高的个头，这是宋帅留给笔者的印象。然而这位年轻的小伙子不怕吃苦，不仅在工作中认真、细心，在工作之余还刻苦钻研技术。“我参与了金润大道、官塘桥路、镇澄路等道路的施工，目前正在312国道南移工程上作业。”宋帅说：“我喜欢这项工作，看着一条条道路建成通车，群众出行更便捷，我感到非常自豪。”

在提高机械操作水平的同时，宋帅还不断提高自己的文化水平。2012年，他报名参加了电大大专的学习，学的是建筑施工与管理，并于2014年顺利毕业，拿到了大专文凭。

两个满分，竞赛中脱颖而出

由于技术好、年龄小、学历高，2014 年下半年，宋帅在市交通运输局、公路处和市路桥总公司的推荐下，作为镇江市唯一一位装载机操作选手，参加了全国“厦工杯”筑路机械操作工技能竞赛装载机项目省级选拔赛。省级选拔赛计划选出 3 名选手，并对他们进行一个月的集训，最后选派 2 名选手参加全国的比赛。

“在省级选拔赛时，我是第二名。”宋帅说：“在集训的一个月中，我勤学多练，进一步熟悉机械和掌握技能，并不断提高理论水平。在集训结束后的再次比赛中，我成了第一名，并和另一名选手一起代表江苏参加全国决赛。”

宋帅是参加全国“厦工杯”操作工技能竞赛装载机项目的 40 名选手中最年轻的一位。在首先进行的理论比赛中，宋帅漂亮地取得了满分——100 分。“操作比赛非常难，我有些紧张，在比赛的前一天夜里，我都在想着如何完成比赛。当第二天真正上机操作时，我反而平静了下来，像平常一样进行操作，把自己的最好水平发挥了出来。”宋帅说。

操作比赛分为三个部分：一是挂小球，选手需开着装载机，用装载机笨重的斗齿，将两个小球铲起，并挂到指定位置；二是穿螺母，选手需开着在庞大铲斗前绑着一根钢条的装载机，用钢条将 3 组螺母穿起，每组各 2 个，最小的一组螺母孔径只有 12 毫米左右，穿起的螺母越小则分值越高；三是定点停车，选手需开着装载机，使车辆停在规定的位置，要求 4 个车轮位于 4 个感应器上，铲斗需放平。宋帅高水平、无误差地完成了指定的 3 项比赛，并获得了裁判给出的最高分——100分。两个100分，让宋帅当之无愧地成为了全国“厦工杯”筑路机械操作工技能竞赛装载机项目冠军，并且是竞赛中最年轻的冠军。

永不停止，希望有更大舞台

高水平地操作装载机，既有利于填平路基，提高道路的平整度；又有利于处理好边边角角，减少人工的操作量；更有利于提高工程的建设进度，避免重复劳作和返工。因此，高技术的施工机械操作人才，在建设行业非常紧俏。然而，夺得了全国冠军的宋帅没有骄傲，也没有浮躁，他依然勤勤肯肯地工作在一线工地，依然兢兢业业地开着装载机，但他有了更高的目标。

“参加了全国竞赛让我大开眼界。施工机械的发展日新月异，我需要不断进步，不断了解和学会操作新机械。”宋帅说：“而且国际上的新型施工机械更多，技术人才也更多，竞争也会更加激烈。我要放眼更广阔的舞台，非常希望能有机会参加国际性的装载机技能竞赛，与国际同行进行比拼，切磋交流，还希望能在国际比赛中拿奖，为祖国争光。”

为了这个目标，宋帅更忙了。除了干好本职工作外，宋帅更加刻苦地钻研和勤练技术，并不断学习机械类理论知识，了解世界最前沿的施工机械。与此同时，宋帅还准备到建筑施工与管理专业的本科院校学习，让自己在理论上更上一个台阶，能够更好地配合与指导实际操作，向更高的目标迈进。

赵淑敏："铿锵玫瑰"在烈日下绽放

◉ 汤远尧

与其他机关女干部不一样，她不能穿高跟鞋，也不能穿裙子，有的只是被晒得又黑又红的面庞。

与七尺男儿一样，无论风吹、日晒、雨淋，她每天都坚持在工程一线，与众多建设者奋战在工地现场；与其他机关女干部不一样，她不能穿高跟鞋，也不能穿裙子，有的只是被晒得又黑又红的面

庞；与众多的女儿、妻子、母亲一样，她爱父母、爱丈夫、爱女儿，但她又是亏欠家庭最多的女人……她就是镇江市公路管理处高级工程师赵淑敏，她被人们亲切地称为工程一线的“铿锵玫瑰”，工程质量监管的“女包公”。

1989 年 7 月，毕业于长沙交通学院公路与桥梁专业的河北姑娘赵淑敏，来到了镇江市公路管理处。从此，她与男同志一样，顶着风霜雨雪摸爬滚打了 20 多年，锤炼了一颗坚强、拼搏和炽热的心。

她曾是工程施工一线的技术骨干，又当过施工项目经理、监理组长，并先后在 312 国道、沪宁高速公路镇江段、238 省道金港大道等项目建设指挥部担任业主代表，参与的工程项目她自己都数不清。作为一位年轻爱美的女性，却不能化妆，还要常年工作在工程一线，以至于夏天脸上晒出了“太阳镜”的形状。她常笑称自己是单位里皮肤最黑的女人，这样的一句简单的玩笑，却只有公路人才能体会到其中的辛酸。

质量第一是公路建设永恒的追求，要确保工程质量，就必须按程序办事，一切凭数据说话。在金港大道的一次原材料抽检中，赵淑敏发现两堆黄沙存在问题，于是她立即找来工地负责人询问黄沙是否经过检测，该负责人说：“一堆已检测合格，另一堆也保证没有问题”。但只相信数据的她立即取样抽检，结果多项指标不能达标。她当即下达通知，要求在第二天八点半前必须清场，并更换合格黄沙！施工负责人立即笑脸相迎，满口喊“大姐”，找各种理由试图过关。可是任凭对方说什么“特殊原因”，赵淑敏就是坚持两个字——数据！看着她那毫无商量余地的表情，工地负责人知道遇上了铁面无私的“女包公”，当即严肃认真地向她敬了一个注目礼，“保证办到！”第二天现场复查，材料已全部更新，这时候她才露出舒心的笑容。

有人说，干工程是再简单不过的活儿，只要按部就班，按图施工，谁都能干好。赵淑敏却不这样认为，作为一名路桥施工科技人员，她看到的不是简单的工序重复，而是在不同项目、不同地质、不同条件下呈现出来的各种技术难题，必须认真实践，深入思考，只有用辛勤的汗水才能换来闪光的科技成果。

在润扬大桥石灰土施工过程中，她通过试验并加以总结发现：石灰土的最大干密度会随着拌和时间的延长不断降低。如果施工现场的实际情况发生了变化而最大干密度的取用标准不进行调整，将会造成工程不必要的返工和工期的延迟。因此，在石灰土施工中，根据工程的实际情况确定最大干密度非常重要。针对大桥南接线工期比较宽裕的特点，赵淑敏要求施工单位进行路拌法施工，以充分发挥石灰的作用，从而大大提高了一次抽检的合格率。施工单位负责人感激地说：“赵总一句话，省了半年工啊。”多年来，赵淑敏不断地在施工实践中总结经验，在总结经验中提炼科技成果，又用科学的理论成果来指导施工实践。她先后在各类科技刊物上发表论文 20 余篇，有 4 项成果荣获省级学术成果奖。

“技术是在一个个工程中干出来的，不是从书本理论中学出来的”。如今，技术全面的赵淑敏又接到了一个“师带徒”的新任务——她所在的管理部门的 4 名成员都是近年来公路部门引进的高材生，其中3人是研究生。组织上要求她当好带头人，技术“一对一”，培养技术接班人。“组织上信任我，说明我的经验有价值！”她对技术毫无保留，对年轻人耐心教导。遇到技术、管理方面的难题，她经常和年轻人加班加点，完全忘记了家庭和孩子，部门年轻人都亲切地称呼她“赵姐”。

赵淑敏与丈夫两人均是外地人，丈夫又长期在外地从事交通监理工作。赵淑敏作为一个女儿、妻子和母亲，必须比常人付出更多。1994年9月，沪宁高速公路F7标段正处于路基突击施工的紧张时刻，从老家却传来母亲病重的消息。从小就在母亲怀抱中长大的赵淑敏，此时的心情是何等的焦虑和不安！但事业重于家庭，赵淑敏一拖再拖，直到母亲病故，连最后一面也未能见上。她只能扑在母亲的坟上痛哭：“妈呀！是女儿不孝啊！”擦干了眼泪，她又奔回了工地。第二年3月，病重的父亲为了不影响女儿的工作，一直瞒着她，等到快不行了，家人才打电话告诉她。待她急忙赶到家时，从小疼她爱她的父亲已闭上了眼睛。短时间内痛失双亲，这样巨大的打击是不堪承受的，但赵淑敏都挺了过来。

如果对父母心中总有深深的内疚，那么对女儿则更多的是亏欠。即使在怀孕期间，赵淑敏也一直住在常溧线施工工地，每天承受着剧烈的妊娠反应，但从未向领导提出过任何要求。孩子幼小需要照顾，但她在仅18个月大时就被送进了幼儿园。忙碌的她无暇顾及幼儿园中的女儿，孩子几乎每天都是前三名进园，后三名出园。时光飞逝，2011年，赵淑敏的女儿面临高考，家庭重担都压到她的肩上。此时，最让赵淑敏牵挂的却是全市在建的5个干线公路项目进展不一，需要多方协调。眼看女儿还有十几天就要高考，为了不影响工作，她每天一早五、六点钟就上街买菜，将一天的饭菜在早上就烧好，中午让女儿回来自己热着吃。“有困难自己克服”，这也是她教育女儿的“传家宝”。她经常骄傲地说:“我女儿很懂事，学习也很自觉”，但其实对女儿的愧疚只有她自己清楚。

参加工作以来，赵淑敏始终拼搏在现场、奋斗在一线，以一项项优质的工程赢得了党和人民的肯定。她多次被镇江市人民政府评为“先进工作者”“建设功臣”，享受市级劳动模范待遇；先后入选江苏省交通运输厅“100个人才工程”、镇江市“169四期工程”科技骨干，还光荣地当选为镇江市第六届党代会代表、镇江市润州区第五届人大代表。

司小俊：干宣传要手勤、脑勤

◉ 扬中市公路管理处

20 多年来，司小俊已被各类媒体录用稿件 1 500 多篇次，仅 2014 年，就被各类传媒录用稿件 280 多篇次。

他是基层公路处的一名普通的职工，自学校毕业分配从事公路管理工作后至今已有 25 个年头。他更是一名热心的公路通讯员，二十几年来如一日地从事宣传工作，勤耕不辍，默默奉献，只要是他知道的大事、要事，总能在第一时间用手中的笔和纸及时记录、传播。据统计，20 多年来，他的稿件已被各类媒体录用 1 500 多篇次，录用媒体不仅有县一级的报纸和电台，更是包括国家级的《人民日报》《人民网》。仅 2014 年，他的稿件就被各类传媒录用 280 多篇次，其中省部级单位录用稿件 30 多篇，连续多年再创新高。从事宣传工作成就了他，天道酬勤助他一路成长，他就是现任扬中市公路管理处办公室副主任司小俊。

从事宣传工作，他首先做到了腿勤。公路的建、管、养工作在一年 365 天中持续进行，天天有事做，天天有人做，公路新闻也天天在发生。在公路事业一线存在大量的鲜活新闻，如何去捕捉、挖掘，写好每一篇新闻，他坚持做到了腿勤、嘴勤。勤动腿，让他能够经常联系基层，接触百姓；带着目的采写各类新闻，不仅让他拓宽了思路，把握好新闻的角度，而且让他的新闻稿件更具鲜活性、可读性和价值性。

2009 年的一个盛夏，司小俊跟随路政执法人员上路开展巡查，当他们行至 238 省道兴隆大桥段时，意外地发现了一处新增的铁皮洗车棚，该洗车棚设置在公路用地范围内，属于违章搭建。在询问、调查处理的过程中，他意外获知了一个感人的故事。原来，这个洗车点是西部助学公益组织“格桑花”扬中工作站的一位爱心人士为帮助一个患有白血病女孩的贫困家庭而捐款所设置。洗车点的“员工”就是“千纸鹤女孩”季雅倩的母亲。季雅倩是兴隆中心小学的一名在校生，身患白血病，在与病魔斗争的过程中，她折了许多纸鹤。因此，该洗车点也取名为“千纸鹤洗车点”。司小俊同志在第一时间获知此信息后，很受感动，在做好涉路普法工作的同时，多方寻求帮助，重新选定洗车点的位置，并承担了铁皮洗车棚迁移的全部费用，努力将这一善事做好、做到位。经过司小俊前后近 5 次的一线采访和交流，他以此为素材，及时撰写了一篇《违章搭建的洗车点背后隐藏着感人的故事，路政人员特事特办——爱心接力，呵护“千纸鹤女孩”》的文章，刊登在《京江晚报》上，引起了社会各界的广泛关注和好评。后来，该篇报道还被省厅评为公路好新闻“二等奖”。

从事宣传工作，他做到了嘴勤。遇事多问，不耻下问，打破砂锅问到底是司小俊采写新闻长期坚持的习惯。公路管理行业涉及工程技术、法律法规等多学科的专业性知识，从事公路管理职业也需要同社会各方面的人士接触，上至政府官员，下至普通百姓。司小俊通过勤问、勤交流，从而广交朋友，及时获取和交换信息。有时，他采写的新闻之所以能够被多家媒体录用，并非是因为他的新闻来源于多么正式的场合，而是在于他在新闻中所采用的新颖和独特的视角。在同事或领导间的随意交流中，在街谈巷议中，在餐桌就餐时，在上下班的路途上，他都留意并筛选有价值的新闻线索，并询问到底。在日常工作中，司小俊每抽空到一处工地，接触某一管理对象时，他总是从一名读者、听众的角度，向一线管理人员、基层群众询问许多相关的问题，有时由于问得又多又细，他还曾受到过误解和批评，但他却不以为然，唯有确保新闻宣传的真实性、及时性、可读性和价值性才是他所追求的。

从事宣传工作，他做到了脑勤。当别人休息的时候，他在积极思考、酝酿，在第一时间写出好的报道。他多次连续工作 16 个小时以上，有时甚至连续工作达到 20 多个小时，确保了每年都有不同的报道内容出现在多家媒体上。对一些时效性不强的新闻，他总是提前两三天甚至更长时间进行酝酿，并多方搜寻相关的信息，以便做好充分的准备，确保在采访现场能够快速获取所需信息，从而缩短采访的时间，提高写稿的效率。

从事宣传工作，他更是做到了手勤。每逢冬季、雨雪等恶劣天气来临时，他总是在第一时间出现在抗雪保畅的第一线。每篇初稿出来后，他都要反复酝酿与修改，尤其是核对相关专业术语和数据，确保宣传稿件的专业性、知识性和表述的准确性。在日常新闻的采写工作中，司小俊能够从各类不同的具体事件中领悟采写相应新闻的技巧，从不千篇一律，不拘泥于形式，并且把每一次采访当成一次全新的学习机会，力求找到新的角度进行采访。在稿件的编辑加工过程中，他也一直坚持多思考、反复斟酌、酝酿的工作态度，通过勤动手、勤改稿确保稿件的质量，提高稿件的录用率。

由于司小俊热爱宣传工作，坚持笔耕不辍，坚持深入群众、深入生活，坚持做到腿勤、嘴勤、脑勤和手勤，因此他在宣传工作中取得了优异成绩。近年来，他年均被录用的稿件数量均保持在200篇次以上，为此，他本人也连续多年被镇江市公路处、镇江市交通运输局评为宣传、信息上报工作先进工作者，并于2013年10月荣获江苏省交通运输厅公路局宣传工作“先进个人”等荣誉称号。

李利伟：县道上的“流动医生”

◉ 何秋斌 张烨

一年365天，李利伟有差不多220天是在车上度过的。他的公路巡查车一年行驶近3万千米，相当于绕了3/4个地球赤道的距离。

在李利伟的脑海中有一张地图，只要是他管养范围内的公路，无论哪一条，无论是在什么位置，有什么标志、标牌，路边种了些什么树，路面状况如何，他都烂熟于心，了如指掌。

他还能一眼看出路面的病害程度，并及早采取预防性养护措施，减少对公路的损害，从而大大延长了公路的使用年限。

他就是李利伟——常州市武进区公路管理处养护管理科科长。80后的他，中等个头，麦色的皮肤，讲起话来一脸的憨厚。正式干公路养护工作还不到三年，可是在同事们的眼中，李利伟已然是行家里手。

“吃药、打针总比开刀强”

2005年，李利伟大学毕业后进入交通建设行业。这对于学土木工程专业的他来说，可谓如鱼得水。在进入常州市武进区公路管理处之前，他有过曾在中交二航局等大型央企工作的经历，参与过京沪高铁、崇启过江通道等一批重点工程的建设。在武进区公路处从事了两年工程建设管理工作后，李利伟在2013年3月正式接手公路养护管理工作。建设与养护虽然同属公路管理职能，但二者的工作内涵和性质却有着很大的不同。

按照公路分级管养的原则，由武进区公路处负责管养的公路共530千米，其中包括县道456千米和代行管养职能的省道74千米。

没有公路养护经验的李利伟边学边干。一有时间，他就向身边的同事请教。即使在业余时间他也不闲着，从书店买来公路养护方面的书籍一页一页地翻，书上做满了各式各样的记号，只有他自己看得懂。

李利伟推崇公路的预防性养护。他说，公路病害从裂缝发展到翻浆再到松散，形成坑塘必然要经历一个过程，如果能尽早发现病害的苗头，及时采取灌缝、封缝等措施，也许公路大中修的时间就可以延后，养护成本也能节省下来。

“上路巡查就好比给公路做‘体检’，有些小毛病，通过‘体检’就能及时发现，‘吃药、打针’就能解决问题。如果小毛病拖成大毛病，就只能‘开刀’了。”李利伟做了一个非常形象的比喻。

李利伟所说的“吃药”“打针”就是公路的小修保养，而“开刀”则对应的是公路的大中修。

“吃药、打针总比开刀强！”他常说。

李利伟因此给科室定下指标：县道每两天完成一次巡查，省道每三天完成一次巡查。这个指标要比上级部门的要求高出一大截。

由于科室人手紧张，李利伟通常都亲自和下属一起开车上路巡查。一年200多天扑在路上，不论是刮风下雨还是酷热霜冻，一年下来巡查里程累计近3万千米，相当于绕了3/4个地球赤道的距离。

“不到万不得已，我们不封路”

公路养护最怕碰到恶劣天气，稍有不慎就会造成大麻烦。

2015年6月中旬的一天，常州地区连下了十多个小时的暴雨，内河水位全部超过警戒线。因为地势低洼，武进区内几条下穿高速公路的县道在下穿通道处受涝情况严重。其中，朝阳路下穿沪宁高速（G42）和青洋路下穿常合高速（S38）的下穿通道受灾尤为严重，积水最深处将近1米，交通基本中断。

接到警报后，李利伟迅速赶到现场查看。尽管早有应急预案，但眼前的景象还是让他忧心：尽管三台泵机全速运转，一刻不歇地向外抽水，但毗邻河流的水位已漫过河堤，河水倒灌入通道中，通道上一片汪洋。李利伟在请示领导后，决定迅速在积水通道的两侧设置路障，实施双向交通封闭。同时，他千方百计地调集更多抽水泵机火速到现场排水。经过一夜奋战，下穿通道上的积水终于被抽干，可路面上到处是泥泞和垃圾，根本不具备通行条件。李利伟又想办法调来高压冲洗车进行作业，直到第二天早上 10 点，路面总算冲洗干净，青洋路交通全线恢复。整整 28 个小时，李利伟都没合过眼。顾不上休息，他又马不停蹄地奔向另一处积水路段。

暴雨初歇，李利伟还没来得及稍作休整便听说过几天常州还有暴雨，于是他马上又组织人员在之前出现积水的下穿通道的绿化带上筑起了一道堤坝。

说起这次成功的应急处置，李利伟却觉得仍然有遗憾之处，有许多教训要吸取。毕竟，道路被封闭了一个晚上。

李利伟说："不到万不得已，我们不想封路，也不会封路，保持公路畅通本来就是我们的职责。"

2015 年 7 月 10 日，常州地区再次普降暴雨，部分地区降雨量达到 70 毫米。但武进区内 400 多千米县道上的 5 个下穿通道没有一处出现积水，道路畅通无阻。

"养护工作要创新"

在单位，同事偶尔会称李利伟为"李医生"。尽管李利伟没有学过医，对医学基本一无所知，但他对公路病害的了解远非一般人可比。

一次，李利伟和同事一同上路巡查。当巡查车经过一段下坡路段时，李利伟突然大喊：“停车！”同事猛踩刹车，车刚停下，李利伟就迫不及待地推开车门跳下车，跑向一大段潮湿路面。

烈日晴空，路面为何潮湿？同事认为是经行车辆漏水了。李利伟蹲在旁边沉思良久，直到听到一辆重载卡车刺耳的刹车声，他才又跑回车上。在车上，李利伟打电话给养护公司，让他们派人对刚才发现的潮湿路段路面实施雾状封层处理。同事这才明白潮湿路面很可能是重型卡车下坡时频繁刹车带来大量刹车冷却用水流向路面所造成的。

2015 年 4 月的一天傍晚，李利伟刚回到家，外面突然下起乒乓球大小的冰雹。冰雹打在窗台上，几盆绿植被砸得粉碎。李利伟抓起一把雨伞就往屋外跑，没顾上开伞，他已上了车。他爱人问他干嘛去，他在车里扯着嗓子向外喊道：“我上路看看冰雹对路面的影响。”说完，他便发动汽车，消失在瓢泼大雨和漫天的冰雹中。

李利伟也是个“不安分”的人。沥青路面的坑槽病害很常见，常规的修补方法是把坑槽周围的旧沥青全部清除，再用新热沥青混合料填补，此方法可以保证修补质量，但浪费较大而且污染环境。为避免浪费，李利伟要求施工企业将废旧沥青回收并集中堆放，积累到一定数量后应用沥青再生拌和技术进行再生利用，从而节约了一大笔养护资金。车辙是困扰沥青路面的老大难问题，为此他委托东南大学交通学院研制出半柔性沥青混合料 SFC-20，并在常州地区的公路大修项目中率先使用，取得了良好的效果。

2014 年 8 月，江苏省交通运输厅公路局组织开展全省县道公路管养质量检查。武进区内的456千米县道公路在此次检查中优良率排名全省第一。尽管在之前三年中的同类检查中，武进区的排名均已达到全省第二，但李利伟和同事们并不沉浸和止步于已有的成绩中，而是再接再厉，用辛勤的努力和无私的付出向着新的高度迈进。看到自己和同事们的努力有了收获，李利伟感到由衷的喜悦和兴奋。

潘浩良：打造全国百佳养护工区

◉ 潘敏芝

20 多年来，他多次被评为常州市公路系统先进工作者，2007 年到 2014 年连续被常州市公路管理处评为“公路养护之星”，2011 年被江苏省交通运输厅评为“模范养护工”。

2015 年 1 月 28 日凌晨 4 点，一个风雪交加的夜晚，天色一片漆黑。静悄悄的 239 省道常州市罗溪路段上突然出现了一个不是很高大

的身影，他用手电筒照着路面，似乎在查找着什么。他就是原先服务于常州市小河养护工区，现任通达公路养护工程有限公司养护二公司养路队队长潘浩良。因为夜间气温骤降，开始下雪，正在家中睡觉的他担心路面霜冻造成车辆行驶不安全，衣服都没穿齐就顶着风雪上路查看，直到确定没有问题后才安心返回，而这已经是这晚他第二次出来检查，距离他上一次检查仅过了 3 个小时。

“每逢恶劣天气，这样的情形都是常有的事。”潘浩良说，“作为一名公路养护工作者，全天 24 小时都处于待命状态，哪怕是晚上睡觉的时候。”

初次见到潘浩良时，他给人的印象是个子不高，皮肤黝黑，一幅很普通的相貌，但炯炯有神的双眼给人一种沉稳、实干的感觉。事实亦是如此。公路养护是一项高强度的野外体力劳动，冬天寒风吹，夏天太阳晒，晴天一身灰，雨天一身泥，工作环境十分艰苦。用他自己的话说，他干的工作就是“扫马路”。从 1992 年 11 月参加工作至今，从一个 20 岁出头的年轻小伙到如今成为 45 岁的“中年大叔”，这一干就是整整 22 个年头。

沥青路面最怕的就是积水，2014 年 6 月，正值梅雨季节，由于连续十多天的降雨，机场路被啃得坑坑洼洼，汽车行驶至该路段摇摇晃晃，道板上行人避而远之，严重影响了公路的正常通行。在冒雨巡视后，潘浩良二话没说，毅然带领队员奋勇上前，疏导水沟、填平坑槽，在不利于施工的条件下，硬是靠自己的力量奋战几个小时填平了道路，受到过往司机和群众的好评。

说起近几年他们所经历的最严重的一次考验，莫过于 2008 年的那场大雪。2008 年年初，公司负责管养的国、省道干线及县乡公路被突如其来的暴雪侵袭，大雪封路，公路安全面临严重威胁。厚厚的积雪，堆积在常州市的每一处角落，冻坚硬的路面，挡住了人们前行的脚步。一条条道路、一座座桥梁仿佛是一个个被困在冰雪中的孩子等待解救。在这场持续多日与恶劣天气和冰雪灾害交锋的战斗中，潘浩良带领着队员们顶着凛冽的暴风雪和冒着零度以下的严寒，在茫茫风雪中顽强拼搏、奋力抢险，逐一检查每座桥梁的情况，铲除积雪、播撒融雪剂和防滑砂石。他们不分昼夜，连续奋战，养护工人们用自己的劳动和汗水为保一方畅通默默地奉献着，为来来往往的车辆铺就了平安之路。

20 多年来，他多次被评为常州市公路系统先进工作者，2007 年到 2014 年连续被常州市公路管理处评为“公路养护之星”，2011 年被江苏省交通运输厅评为“模范养护工”。

几年来，潘浩良为养护队捧回了一面面奖状，队员们都清楚，每个荣誉的背后都凝聚了队长大量的心血。在领导和同事眼里，潘浩良就像是一块铺路石，尽管没有华丽的外表，尽管他的工作看起来是那么的普通和平凡，但正是因为他们的存在和付出，大路才保持着畅通无阻。

现在，他每天奔波在农村公路建设的第一线。随着路越修越好，潘浩良也越干越起劲。潘浩良为了公路养护事业，哪条路的路况差就出现在哪里，由于管理有方，科学施工，往往能在不到一年的时间内就使路况有了明显好转。潘浩良以诚待人，体贴、关心并乐于帮助同事和下属，凝聚了人心。正是凭着这份对公路事业的满腔热情和执着追求，潘浩良才能带领养路队的队员们奋力拼搏，不断攻克各种艰难险阻，接连取得出色的成绩。

潘浩良带领队员们守护着常州市新北区总计 53.5 千米的 5 条省道，和总长 1 200 多米的 17 座桥梁。正是有了他们的付出，小河工区才于 2011 年获得了全国“百佳养护工区”的荣誉，常州市的公路养护事业方能在平凡中彰显出卓越。

袁金芹：把爱献给大路的人

◉徐正平 刘玲

一年365天，袁金芹天天惦记着农路，下雨了，她立马在想哪条路容易积水，会给车辆通行带来不便，查到险情后，就派人去巡查并及时处理；飘雪了，她就立马赶到单位带着工具上路除雪。

袁金芹，金坛市公路管理处农路科科长，是一位年轻的80后。2008年，这位有着硕士研究生学历的年轻人走出校门，来到金坛市公路管理处报到参加工作，从这天起，她开始把爱奉献给金坛市的公路

事业。

从“门外汉”到公路行家

在公路处，农路管理科是一个非常忙碌的科室，所负责的农村道路不仅面广量大，而且公路等级低，管理、养护难度大。因此，这对于年轻的袁金芹来说是一大挑战。农村公路养护工作对刚参加工作的职工来说，更是个陌生行当，里面的行话她一窍不通，完全是个“门外汉”。

如果不懂业务，那么工作起来就会格外困难，只有虚心请教、不断学习才是唯一途径。于是她非常谦逊地向科室的老同志求教，不懂就问，同时经常来到乡里，走村串巷，查看了解和熟悉路况，并且认真地加以记录。她的笔记本上记录着金坛市全市农村公路的许多情况，不仅准确，而且还十分细致，如什么地方有坑塘，哪条路段绿化带出现损坏，哪座桥梁有了裂缝等，她都一一认真记录下来。

金坛市有山有水的独特地貌特征在带给人们美好景致的同时，也使市内农村公路的路况出现了较大的差异，尤其是那些始建于20世纪70到90年代的农村公路。经过几十年的寒暑交替和风雨侵蚀，每条道路、每座桥梁如今的状况如何，都存在哪些安全隐患亟待掌握。为摸清这些“家底”，从2010年起，袁金芹和她科室的几位同事一起，开始了一项工作量巨大的工程——为农路建立“健康档案”，即对全市上百条农路和其所包含的数千座桥梁全部实行“一路一档案”的资料编写和归类工作。这项工作开展后，袁金芹整日奔波在全市的一条条农路上，她和技术人员拿着测试仪器，对每条路、每座桥都进行细致入微地查看与测试，将上百个数据一一准确地填写到表格中。

在这些日子中，她白天忙碌在农路上，经受着风吹日晒，白姑娘变成了“黑天鹅”；在晚上则静静地在办公室将一张张表格中的数据输入电脑数据库，连续熬夜的她更加瘦弱了……经过连续一年的辛勤工作，她终于在常州地区率先完成了农路、农桥的“健康档案”工程。如今，只要在办公室轻轻按下鼠标，即可查到某条路或某座桥的“健康状况”。

爱上农路工作的袁金芹，由于虚心好学，很快就进入了角色，由“门外汉”变成了行家里手。每一次下乡走在农路上，看到美丽的山川、浩淼的湖泊，对如何打造美丽公路，她在脑海中不断思考和酝酿，构思着一幅幅崭新的蓝图和画面。2012 年她和领导商议，提出了建设“风情农路”的新构想，她把自己对于如何美化农路的构想一一向领导陈述，领导们听了她的陈述非常高兴，并表示十分支持。于是建设“风情农路”的工程就在这一年正式启动。为因地制宜地建设符合当地发展特色的“风情农路”，袁金芹又走村串巷深入各镇区的农村，广泛调研、了解各镇区的风土人情和文化特色，然后跑园林部门查找和咨询各种花卉、苗木的特点，提出了金坛市农路绿化“一路一景”的“风情农路”特色。这一美丽的“风情农路”工程推出实施后，广受百姓好评，也深得业内人士的赞赏。他们认为，这是将农路美化与新农村、美丽乡村建设有机结合的最好载体。

舍小家，为大家

忘情地工作让袁金芹把青春大爱献给了农路，而忘记自己已然到了谈婚论嫁的年纪。父母为此操心着急，而她却总是无心顾及，说是缘分未到……

2012 年，袁金芹结婚了，婚后没几天她就主动结束假期返回工作岗位，同事们问她怎么不多休息几天，陪陪丈夫，她说自己放不下手头的工作……

一年 365 天，袁金芹天天惦记着农路，下雨了，她立马在想哪条路容易积水，会给车辆通行带来不便，查到险情后，就派人去巡查并及时处理；飘雪了，她就立马赶到单位带着工具上路除雪。

随着经济的快速发展和人民生活水平的提高，农路提档升级被提上议事日程。2013 年下半年，金坛市启动了农路提档升级工程，虽说这是一项惠民工程，可是在实施过程中仍有许多棘手的问题和矛盾需要协调和解决，尤其是土地征用，常因农民有许多苛刻的补偿要求而影响工程的正常施工。为化解这些矛盾，年轻的袁金芹又走在了协调工作的前列。

朱林镇某村农民因小块土地被修路占用，在补偿问题上一直僵着。袁金芹了解到这一情况后，便走进这一农户家中，心平气和地向他解释农路提档升级的好处，询问他有何要求，由她来协调是否愿意。开始，这位农民看不起她，并出言不逊，心想你这小丫头还能办成事？然而袁金芹对这位农民的态度并没有计较，在摸清了他的意图后，便跑镇政府、村委会和大家一起商量，最后达成一致结果，给予这位农民相应、合理的补偿。当这位农民拿到补偿款后，非常感激，对年轻的袁金芹更是万分敬佩，从此便对她刮目相看。

农路提档升级工程最繁忙的时候，正值袁金芹处于孕期。那些日子，她挺着大肚子，奔波在一条条农路上，父母、丈夫都劝她早些休假，单位同事也好心相劝，但她总说不急，早着呢！直到临产前一天，她还在查看农路提档升级工程的进展情况……

当她生下漂亮的女儿，露出幸福的笑容时，同事们告诉她，金坛市的农路提档升级工程也进展顺利，广受农民群众的好评。听到这些，袁金芹感到更开心和幸福，因为农路上倾注着她太多的爱……

朱嘉：常州公路上的安全卫士

◉ 王沁云

在汽车大灯的照射下，他笔直的身躯拉出长长的影子，正如守护公路安全的卫兵。

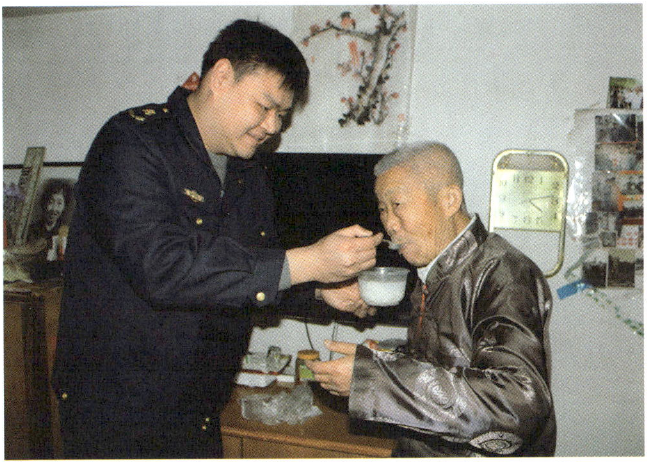

高大的公路安全卫士

每个见到过朱嘉的人大概都会对他高大的身材留下深刻印象。1.88 米的个头，宽阔结实的肩膀，英姿勃发的年纪，再加上一身挺括的路政制服，可以说是常州市公路超限检测站这个年轻执法单位的最佳“代言人”。

虽然是个85后，朱嘉却已经和汽车打了7年的交道。之前他一直在运管部门工作，自2013年5月起，调至新成立的常州市公路超限检测站担任治超员。谈起选择一线执法岗位的原因，朱嘉总会提及他身为交警的父亲。也许是20多年的耳濡目染，父亲那穿着制服的高大身影就成了他心中最帅气的形象。

华灯初上，在远离繁华市区的338省道路旁，朱嘉和同事们戴上白手套，对身上的制服稍作整理，便到了一天中最忙碌的时间。飞驰的重型货车在夜里划出一道道光带，朱嘉站在路旁，目不转睛地检视着远方驶近的车辆。不一会儿，一辆近15米长，行驶缓慢的苏N牌照的半挂货车引起了朱嘉的注意。示意车辆停下后，朱嘉检查了一下车底，“正常情况下，轮胎与地面接触的范围大概是3到4个花纹的长度，这辆车已经达到了6个，可以判断有超限嫌疑。另外，因为货物太重，车架也已经被压弯。”丰富的工作阅历，练就了他这一双“火眼金睛”。对于这条路上来往的货车型号，运的货物种类，是否涉嫌超载，朱嘉只需一分钟就能判断出来。

然而，要胜任治超员这份工作，除了要拥有娴熟的技能外，更多的是靠着一份责任心。治超员的工作为三班制，每一班在8小时左右，由于违法超限车辆通常选择在夜间行驶来躲避巡查，因此，夜班的执法人员往往肩负着更大的责任。最长的一次排班，朱嘉连续半个月都没有顾得上与家人团聚。位于圩塘汽渡附近的治超点，气温常年比城里低很多。一般每年从10月开始人们就得穿棉衣，到次年 4 月才能换下，很多同事的手上都长了冻疮。即使到了夏天也同样难以轻松，郊外的蚊虫异常“凶猛”，一晚上被咬二三十个包是常有的事。

来到这样的工作环境中，如果有谁说“不觉得苦，不想家”肯定是假的。但对于朱嘉来说，既然选择了这份工作，就要尽职尽责，尽管条件艰苦，但只要熬过了最初的“磨合期”就好。在汽车大灯的照射下，他笔直的身躯拉出长长的影子，正如守护公路安全的卫兵。

比起吃苦，最让朱嘉为难的还是司机的不配合，甚至是暴力抗拒检查。司机被查出违法，心里难免有些怨气，冲卡逃跑、拒交罚款或对治超员恶言相向的情况时有发生。2014 年 7 月 23 日凌晨，朱嘉与同事们在 338 省道上巡查时发现一辆运输钢材的六轴半挂车疑似超限，驾驶员不但拒绝检查，还掉头逆向行驶，妄图逃跑。在被公安、路政人员设卡拦停后，更是拒绝出示相关证件，锁上车门并通知带车“黄牛”到现场拖延时间。为打破僵局，朱嘉向驾驶员告知行政强制措施的实施条件和后果，建议其配合检查，以避免不必要的损失。僵持了数小时后，驾驶员终于同意将车开进治超点过磅。经检测，车货总重超限近 80 吨，属严重超限，此时东方的天空早已泛白。

还有一些司机和车主，明知车辆超限，却希望朱嘉他们能“一罚了之”，却不履行货物卸驳载程序，有的甚至提出愿意多交罚款了事。每当出现这种情况，朱嘉都是义正严辞地予以拒绝，“超限运输对驾驶员的生命财产和道路交通都是重大的安全隐患，现在很多路建了不到一年就要返修，都是被超限车压坏的。近些年，也看到很多路桥被压塌的新闻，作为执法人员不能知法犯法，‘先驳载，后处罚’的原则是不容违背的。”

为了进一步改善执法形象，获取司乘人员的理解支持，朱嘉在巡查间隙也常常主动替货车驾驶员们排忧解难，面对面地宣传超限运输的危害。每年的五六月份，朱嘉都会带领治超员们走进辖区内的亚邦物流等大型物流企业发放宣传材料，为驾驶员答疑解惑。去年 3 月，朱嘉在 338 省道上发现一辆河北牌照的危险品运输车的罐体顶部有不明液体泄漏，而驾驶员、押车员却浑然不知。他迅速驾车上前，拉响警笛示意驾驶员靠边停车处理，并协助做好事发路段的警戒和导流措施，避免了一起可能发生的安全事故。在日复一日的忙碌中，他坚守原则、热忱服务，他的高尚品格和形象也成为了很多年轻治超员默默学习的榜样。

为爱弯腰

除做好本职工作外，朱嘉还十分热衷于社会公益事业，身兼团支部书记的他，积极组织单位团员青年帮困助学，投身志愿者的行列。

在元宵、端午等传统节日，他和工人新村的大妈大爷们一起做元宵、包粽子，到社区孤寡老人家中打扫卫生，听他们讲述年轻时的趣事；在志愿者活动中，他领着儿童福利院和特殊教育学校的孩子们做游戏，让天真的笑容绽放在每个孩子的脸上；在节假日期间，他给单位结对帮扶的贫困生家里送去生活用品，接小朋友们去参观博物馆，关心他们的学习成长……

每当这些时候，平时工作中站得笔直的朱嘉总是会一次次地弯下腰来，为的是更好地聆听老人们的智慧，为的是更好地拥抱每个需要关怀的孩子，为的是给努力的女孩一个赞许的微笑……此时的他没有了平时的高大，却展示了一个更加平易近人的路政人的形象。

朱嘉就是这样一名平凡而不平庸的年轻治超员，没有跌宕起伏的故事，也没有耀眼夺目的荣誉，但他始终兢兢业业地坚守在一线执法岗位上，默默奉献。

周罗芳：金坛收费站的守护神

◉ 武杰

“我们日夜守护的是金坛的西大门，外地人对咱们金坛的第一印象就是从这里开始，一定要好好做。”

2014 年 8 月 14 日晚 9 点多，家住涑渎的周罗芳和妻子一起安顿好 86 岁高龄身患瘫痪的母亲入睡后，便骑上电动车，前往单位上夜班。这天，细雨朦胧，老周不紧不慢地骑行在路上，在途经金坛城南的一个转盘式路口时，忽然一辆小汽车违章穿插过来，老周还没反应

过来，就什么都不知道了。目击者拨打了120电话，把老周送到了市人民医院，经诊断，老周的锁骨、头颅等数处骨折，颅内的淤血使老周昏迷不醒……

老周的缺席让同事们总觉得常溧公路金坛收费站少了点什么。虽然老周住得远，但是他每天都提早到岗，最晚下班。“我们日夜守护的是金坛的西大门，外地人对咱们金坛的第一印象就是从这里开始，一定要好好做。”老周的话时刻鞭策着同事们。

8秒完成手工验钞

虚龄60岁的周罗芳，在收费站开始运营时就任征稽班班长。在一条条收费道口之间，笑脸迎送来来往往的车辆。无论风霜雪雨，春夏秋冬，还是虫蚊叮咬，尾气污染，老周始终坚持在三尺岗亭上，热情地为广大驾乘人员服务。

狭小的收费亭里摆放的物件一目了然——一个收费台和一把靠背椅。周罗芳上半身挺得笔直，手臂摆放在桌面上，一有车来，就微笑着向车主示意停车缴费。即使有椅背，老周也几乎没有时间靠着，每天都要保持这样的工作状态整整8个小时。

“您好，请缴费 ×× 元”，然后打票，再向司机点一点头，道一声“收您 ×× 元，找您 ×× 元，请您拿好票款，您走好”，随即起杆放行。这样简短的“台词”老周每天要说上百次。

老周说完后，迎接了一辆南京牌照的小汽车，收费—打票—找零，老周用了不到8秒的时间就完成了收费验钞工作，完全手工操作，没有借助任何点钞验钞的工具。“收到假钞是要收费员自己承担的，所以大家早就练就了火眼金睛。收费员基本上都比验钞机点钞快。”这么多年来，老周从来没有收到过一次假钞。

老周工作的这间开窗的收费亭里，噪声不绝于耳，尾气不绝于口。特别是大货车驶过减速带的时候会发出“哐当哐当”的声音，到收费窗口，刹车声和轮胎摩擦路面的声音也很刺耳。不光是声音，尾气也是一个严重问题。每次汽车停车领卡或交卡完成重新起步时，都是尾气排放最厉害的时候，而且尾气正好都聚积在了收费窗口的地方，有的大货车冒出的黑烟更是直接飘进了收费窗口。老周说，通常半个班下来，用纸巾一擦脸，纸巾上都是黑的。

同事们还发现，老周全天都很少喝水，或基本不喝水。他说，不是身体不需要，而是为了减少上厕所的次数，不耽误工作。

再委屈也要笑着面对

老周任收费站征稽班长已有十三个年头，考虑到年龄因素，他于 2007 年主动要求做一名普通的征稽员工。

收费与缴费是一对天生的矛盾，收费员与司乘人员则是矛盾的焦点。老周对那些不想缴费和拒绝缴费的人总是用征收政策耐心疏导，以文明的语言温暖人、良好的形象影响人、优质的服务感染人。他在窗口服务中，以零距离服务、零差错服务、零投诉服务和零事故服务，多次当选全站“六心伴你行”服务之星。

2009 年 8 月的一天，一位当地人驾驶一辆北京牌照的轿车经过收费口时，不肯缴费，并下车推开挡杆试图强行通过。正在前方稽查执勤的老周看到后，马上拦下违章车辆，敬礼、亮证，面带微笑地对驾驶员说:“师傅，请您出示通行费票据。”驾驶员说:“我是当地人，还要买什么票？”老周听了，向司机耐心地解释了当今的收费政策，要求其缴纳通行费。谁知驾驶员突然跳下车来，挥拳就向老周打去，车里其他人也纷纷下车，将老周一人围在中间，又是辱骂又是推搡。他强忍疼痛与委屈，义正严辞地说:“我依法收费，你按章缴费，你若暴力抗费，必将受到法律的严惩！”

司机见他毫不畏惧，马上软了下来，说:“我这是本地车，照顾一下，何必那么较真呢？”老周看他已不像刚才那样冲动，便心平气和地说:“按规定，你的车不能免费，我们素不相识，无冤无仇，犯不着跟你过不去，即使你开着这么豪华的轿车，但也不能逃缴通行费，何必为这区区十元钱把小事闹大？”深情的话语说得车主哑口无言，连忙按规定补缴了通行费。老周就是这样用热心、诚心、尽心、细心、耐心和虚心的服务，塑造和捍卫着三尺票亭文明与和谐的荣誉。

满脸烧伤而全然不顾

老周常用“良言一句三冬暖，恶语伤人六月寒”这句话来引导其他收费员，在金坛收费站，文明的话语如一泓清泉，沁人心脾。雨雪天，道一声：“路滑，请慢走。”节庆日，祝福一声：“节日快乐，一路平安。”不仅消除了司机交费时的抵触情绪，更带给群众宾至如归的感觉。当司机有疑问，老周都能亲切解答，不厌其烦地进行解释。在平时服务中他细致温馨，危急关头他更能挺身而出。

2013 年 3 月 19 日晚 9 点 40 分，一辆江苏牌照的大货车满载一车真丝布料经过收费口时，正在道口执勤的周罗芳看见车厢内浓烟四起，立即大声喊道：“车厢着火了，赶快救火！”

说时迟，那时快，老周抱起灭火器冲上前去，由于风大，火越来越旺，火舌舔着老周，老周的脸熏出了大水泡，衣服烧着了，胳膊被灼得钻心的痛，但他全然不顾，一心扑火，挽救车辆和真丝布料。在大家的奋勇扑救下，大火终于被扑灭，车主安全了，并挽回了 10 多万元的经济损失。

望着老周烧伤的面孔，车主感激不已，从包里拿出一沓钞票塞给老周，说：“非常感谢你们，一点心意，请你们一定要收下。”老周忙说：“这是我们应该做的，没事就好，钱不能收。”

收费一班在周罗芳的带领下，连续 5 年超额完成站里下达的征收任务，5 年来累计征收通行费近 2 000 万元，名列全站各班榜首。他所带领的班组和个人先后多次获得常州市公路处、金坛市交通局的先进集体和先进个人等荣誉。数字和荣誉或许是抽象的，但是在这些成绩的背后，却不知饱含了周罗芳多少的勤劳和汗水。

吉人天相，好人好报。经过医护人员的全力抢救，昏迷了 5 天 5 夜的周罗芳同志终于苏醒了。

当他发现自己躺在病床上，便断断续续地说：“我这是怎么了？”当女儿告诉他所发生的一切时，他眼角涌出了滚烫的泪水，拉着妻子的手说：“我真不争气，给单位和同事们添麻烦了。单位人手本来就不够,大家又要为我分担责任了,我要去上班,不能耽误了工作。”

他，就是这么一位普通而又平凡的公路职工，既没有豪言壮语，也没有惊天动地的功绩。他就是在这平凡的工作岗位上认真做事、默默奉献。即使在他挺过危险，十分虚弱的时候，心中想到的依然还是工作、收费站和同事们。

张利萍：宜兴公路上的护路天使

◉ 陈偲

一台橘红色的工具车，全套锹镐、扫把等养护工具，一本工作笔记和一支水笔，这就是张利萍每日巡查公路的全部行头。上午7点多，安排好工区当日的作业任务后，她一天的巡查工作也就开始了。

见到宜兴市公路管理处和桥养护工区主任张利萍时，她正在所管辖的锡宜高速屺亭北互通连接线上巡查。这位年轻的羸弱女子却是宜兴市公路系统中的第一位女工区主任。她常年坚守在公路养护的第一线，每日巡查的里程达上百千米，在一线指挥抢险保畅，尽责地履行着职责，无悔地奉献着青春，被沿线群众和广大职工称为最美养路工。她用实际行动在岗位上树立典范，展示巾帼风采，2014 年江苏省交通运输厅授予她“先锋模范共产党员”的称号。

宜兴公路的“活地图”

一台橘红色的工具车，全套锹镐、扫把等养护工具，一本工作笔记和一支水笔，这就是张利萍每日巡查公路的全部行头。上午 7 点多，安排好工区当日的作业任务，她一天的巡查工作也就开始了，仔细检查，认真记录，辖区内的每一条路、每一座桥早已深深地印刻在了她的脑海中。她深知只有坚持认真巡查，才能准确掌握路况，合理安排作业，及时整改问题，从而及早排除隐患，确保道路的安全畅通。在工区的这些年中，她习惯了在公路上来回奔波，根据上午的巡查情况，合理安排下午的养护作业，带领工友们补坑塘、整侧石、搞绿化……。常年坚守在路上的她被工友们称为公路上的“轻骑兵”。

作为“轻骑兵”的她，不仅在巡查中细致、严谨，而且处置起问题来更是得心应手。哪个路段容易出现病害，哪条路的安全隐患多，哪里是重点巡查区域，她都能随口道来。常年的巡查让张利萍养成了一个习惯，即路上遇到的任何问题都详细记录在案。她的办公桌上厚厚的工作笔记，甚至是台历上密密麻麻的记录都见证了她忙碌而充实的每一天。用她的话讲：“哪一天不到路上去看一看，心里就会不踏实。”对于所管养的道路，她早已了如指掌，烂熟于心，同事们笑称她为宜兴公路的“活地图”。

道路抢险保畅中的靓丽“风景线”

和桥工区主要承担着342省道宜兴市境内漕桥至宜广线路口段、杨屺线、芳杨线、和宜线、周新线和屺亭北互通五条县道近100千米道路的日常养护和突发事件的应急处置工作。管养的道路点多线长，线路质量要求高，养护任务重。

2014年12月18日，张利萍接到路网指挥中心的紧急来电，工区管辖的342省道西氿段发生事故，一辆满载木胶的大货车发生侧翻，车上装满木胶的容器在撞击后严重破裂，大量乳状木胶流淌在整个路面上。获知险情后，张利萍带领养护工区的工友立即调整巡查线路，并调集高压水车以最快的速度赶赴现场。此时宜兴的气温已降至零度以下，木胶很快开始凝固，如不及时清理，极易引发交通事故，后果不堪设想。根据现场情况，她果断安排高压水车冲洗稀释，养护工配合清扫路面，经过一个多小时紧张有序的处置，路面终于恢复了通行。张利萍的团队反应迅速、处置有力的公路应急保畅措施赢得了过往司机和沿线群众的一致好评。抢险保畅中养护工人们身上橘黄色的工作服成为了公路上的一道靓丽的“风景线”。

履职尽责的“女当家”

在工区，憨厚朴实的养路工友们谈起她们的“女当家”都会情不自禁地竖起大拇指，从事了30多年道路养护工作的老班长唐孟林如数家珍地说道："她一个女同志真的不容易，对待工作踏实认真，要求很高，路上的一点点小问题都逃不过她的眼睛。再热的天、再大的雨她都坚持上路巡查，来工区后都没看到她好好休息过。她和我们工人走得很近，经常会和我们聊聊天，工区有职工生病了，甚至是家属生病了，她都会关心询问。天冷了，嘱咐我们要多穿衣服。路上车辆多她叮嘱我们作业时要保护自己，注意安全，就像对待自己的家人一样……"

在她的带领下，和桥养护工区成为了无锡市公路系统的标准化样板工区，优美的路域环境，庭院化的工区建设，成为兄弟单位争相学习的榜样。和桥工区也先后荣获江苏省交通运输厅"十一五"养护管理优秀工区和宜兴市"工人先锋号"等荣誉。

近二十年来，张利萍始终以"巾帼不让须眉"的工作热情积极投身于公路养护事业中。"干养护真的不容易，一辈子干养护更不容易。在我心里，坚守在养护第一线的前辈们都是我学习的楷模。是他们用一生的心血和汗水，用一双双布满老茧的手让道路变得宽阔、平坦。干养护是幸福的，当看到越来越漂亮、越来越整洁的道路时，你会因为你付出过、努力过而感到由衷的骄傲与自豪"，这是张利萍在参加演讲活动时发自肺腑的一番话，更是她对待养护工作发自内心的情感独白。

何元忠：甘当铺路石的“快乐黄马甲”

◉ 王莹

接连有几次了，夜间组织施工，白天组织抢修设备，几天几夜没合眼，在那时能打个盹，迷糊一下就感到很幸福了。

如今，出行已成为人们生活中不可或缺的组成部分，但出行的载体——路却不是每个人都关注的对象。但对于他——一个在公路战线上奋战了二十多年的“黄马甲”来说，路却是他生命中最重要的组

成部分。从 20 世纪 80 年代末走进江阴市公路处机械队成为一名学徒开始，到如今成长为公路建设基层的一线指挥员，他肩负着全市 173.25 千米普通干线公路和 395.29 千米农村公路的机械化施工、县道大中修和小修养护的重任。他为公路建设呕心沥血，奉献着自己的青春年华，在平凡的岗位上创造着不平凡的业绩。他就是江阴市公路处暨阳道路养护处机械施工队副队长——何元忠。

从学徒工到机修“土专家”

何元忠与路的缘分始于 1987 年。高中毕业后他开始择业谋生，走进了并不被同学们看好的公路机械队。学机修不是一件简单和轻松的事情，各种复杂的图纸和零件、手上和身上的油污、单调乏味的噪声、曾让他心灰意冷，感到前途渺茫，但身边的老师傅们对这位当时全队仅有的“高材生”关爱有加，言传身教，因此，他很快就爱上了公路，爱上了这一行。由于刻苦钻研加上聪明好学，他很快从一个没有经验的新手成长为技术娴熟的道路施工机械维修的“土专家”，并担负起了分管机械维修副队长的重任。

眼勤、脑勤、手勤、腿勤的何元忠并不满足于机器坏了修，修了坏的“被动式作业”，他开始琢磨分析经常“趴窝”的施工机械的“病根”，从治本上下手。压路机作为关键的筑路设备，每年都有两三次抢修，而每次毛病总是出在传动系统上，不但一台车每次抢修都要花六千到一万元，更重要的是在关键时刻影响施工。经过仔细探究，何元忠发现问题出在滚珠轴承的转向承载力上，为此他专门向特约维修站提出改换轴承的建议，可答复如泥牛入海，没有回应。他等不及了便招呼工友们自己动手改装向心轴承，经过连续几天通宵达旦的攻关，技术革新终于获得了成功。自从 2010 年压路机传动系统革新后，已连续 6 年再未发生类似的故障。

类似的小革新、小技改，如今已成了何元忠和同伴们的新常态。历来冬季少雪的江南在近年的几个冬季中却屡次遭遇暴雪袭击，为应对这一新情况，江阴市公路处制定了应急突发预案，但考虑到引进专用的扫雪车很可能出现日常闲置率高的情况，因此决定只购进铲雪板，如遇大雪则临时加装在扫地车上使用。何元忠被委以改装连接支架的重任，他连夜亲自设计并画图，在攻克了一道道难关后，与工友们圆满地完成了任务。

正是凭着这种不断创新、不断进取的精神，何元忠和他的队伍取得了一系列优异的工作成绩。据不完全统计，这些年来，在何元忠的主持下，在保证设备完好率达到 98% 的基础上，江阴市公路机械队已先后完成了 8 项技术革新项目，累计节省资金 20 多万元。

从土专家到筑路“多面手”

由在筑路机械维修中大显身手，到在授命负责筑路施工中通过勤学积累，很快成为行家里手，何元忠的人生轨迹又实现了一次质的跨越。

2013 年，因工作需要，原分管筑路的副队长工作调动，根据组织安排，何元忠同时肩负起机械维修和筑路施工的重担。从机械维修到机械操作，从机械施工到一线指挥。何元忠边学边干，边干边学，很快成为了行家里手。

2014 年 5 月，338 省道浏张镇线澄南大道段大修施工任务下达。由于这段交通要道过境车流量大，因此禁行施工还是通车施工顿时成为了摆在眼前的两难选择。通过充分调研，何元忠做了一个艰难而又具风险的尝试，决定将过去白天禁行施工的“老传统”改为每晚七点至次日凌晨七点施工，夜间半幅通车，白天则照常通车的新方案。尽管何元忠心中也十分清楚，夜晚施工人困马乏，视线不清，而且又是夏季施工，沥青摊铺温度高达一百六七十度，不仅对施工质量是一个考验，更是对施工人员安全的一个严峻挑战。但他在反复权衡利弊后，毅然决定把人民群众的通行放在第一位，把方便留给在路上来来往往的行人车辆，把难题留给自己来解决。

为消除夜间施工对工程质量带来的影响，保证工程质量，他精心编制了施工组织设计方案和安全管理方案，并制定落实了一系列防暑降温和安全防护等措施。而他更是身先士卒亲临一线，坚守现场。用工人们的话说“每晚施工我们的何队总是第一个到现场，最后一个离开。”其实，许多施工人员还不知道，在这夜间奋战的一个多月里，何元忠不仅仅最早到最晚归，而且还曾连续多天昼夜不停地忙碌，顾不上休息片刻。有一次夜间施工，由于摊铺机的挂板链条出现故障，他紧急调配了其他设备应急，天亮后其他施工人员纷纷下班，而他却又加入到了抢修设备的行列之中。如今回想起那段时间，他深深地感慨道：“职责所在，接连有几次了，夜间组织施工，白天组织抢修设备，几天几夜不合眼，在那时能打个盹，迷糊一下就感到很幸福了。”

何元忠不辞辛劳，无私奉献的一举一动感染着每一位施工人员，在大家的努力下，不仅提前10天保质保量地完成了施工任务，而且还创造了夜间施工零事故的记录。3年来，何元忠带领团队已先后圆满完成了340省道张常溧线、228省道锡张线、308省道浏张镇线、302县道镇澄鹿线、6号港区海渡路等近250千米的省、县道及50多个外路口的大中小修和养护任务，工程优良率和道路完好率全部达到100%，为江阴市的道路建设养护工作走在全省县级市前列做出了突出贡献。

心系公路黄马甲，甘做“铺路石”

“人的生命是有止境的，为人民服务是永无止境的。”这句名言一直激励着何元忠时时处处心系群众，不论是筑路、护路，还是抢险救灾，他都冲在最前面。

2015年6月，50年一遇的特大暴雨袭击了江阴市，正在澄张连接线组织施工的他接到抢险指令后立即带领员工奔赴璜大立交桥组织排查。他淌行在齐腰的深水中，与其他队员一同排查险情，消除隐患，在连续奋战五天五夜后圆满地完成了抢险任务。其实，像这样的抢险他已不是第一次经历。2014年7月，连续的几场强降雨导致车站东路与霞客大道交汇路口处大面积积水，因排水设施全部堵塞，积水深度达20厘米，给道路的安全通行带来了严重隐患。他带领员工，不怕脏和累，一边徒手清除排水口垃圾，一边指挥开挖临时边沟，经过一个多小时的奋战后终于将此处的积水全部排除。

人在路上，路在心上。如同千千万万个甘为铺路石的“快乐黄马甲”一样，何元忠始终以满腔的工作热情、兢兢业业的工作态度和一丝不苟的工作方法，把自己对人生的追求，对个人价值的诠释，默默地抒写在阡陌纵横的公路网上。

秦鸿俊：班长的“橙黄色人生”

◉ 邵蕾

他常说，自己就是一个“小卒子”，保证公路的“畅、洁、美、安、绿”就是这一身橙黄色工作服赋予自己的使命，即使其中有辛酸，有艰苦，也要一步一个脚印、踏踏实实地做好公路养护工作。

驾驶室里的除夕夜

“亲爱的观众朋友们过年好，这里是2013年春节联欢晚会的直播现场，我们台上的所有主持人给全国的各族人民，给全世界的中华儿女拜年了……”电视里传来了主持人熟悉的声音。在2013年大年夜，秦鸿俊早早嘱咐妻子做好了一桌饭菜，将留在工区值班的几位工友请到自己的宿舍里一同过除夕，以弥补大家不能回家过年的遗憾。大家围坐在一起，一边吃着年夜饭一边看着春晚，愉快地聊着天，一种难以言说的温暖包裹着每一个人，大家似乎又有了家的感觉。

叮铃铃……值班电话突然响了起来，“阳山互通桥下失火，请火速赶往现场进行处置。”秦鸿俊放下电话，对几位工友说：“咱们今天这顿饭要晚点再吃了，阳山互通桥有突发事件发生，大家带好应急处置设施和灭火器材，跟我一起去现场。”到达失火现场后，秦鸿俊立刻组织大家用灭火器进行灭火，由于火势太大一直无法扑灭。见此情况，秦鸿俊又赶紧从工区调动洒水车前来，经过几个小时的全力奋战，在夜里十二点多，大火终于被扑灭了，大家心里的石头才算落了地。在大家正要准备回去时，秦鸿俊发现洒水车的车轮深深地陷进了泥浆里，加上路面结冰打滑，车子根本开不出来。冬天的夜晚异常寒冷，寒风刮在脸上如同刀割一般，生疼生疼的。看着疲惫而又着急的工友们，秦鸿俊坚定地说：“大过年的，大家都辛苦了，你们先回去吧，我在这里看着水车，等明天天亮再想办法把车开回去，这水车是单位的财产，咱不能扔在这里不管。”就这样，秦鸿俊蜷缩在水车的驾驶室里硬是熬了一晚，这个夜晚也成了他印象最为深刻的一个除夕夜。

年轻班长的“养路经”

初识秦鸿俊，大多数人可能会觉得他的外貌并不起眼，简单利落的“三七分”发型，一副方框黑边眼镜，略显黝黑的皮肤，瘦削精干的身材，这就是他留给别人的第一印象。2000 年，刚满 24 岁的秦鸿俊来到了石埠山胡埭养护工区，穿上了一身橙黄色的工作服，成为了一名普通的养护工，从此开始了与沥青、砂石、尘土为伍，与烈日、寒风、冰雪作伴的岁月。在年复一年，日复一日的平凡工作中，他用青春和热情默默地书写着属于自己的人生篇章。树的人生是绿色的，海的人生是蓝色的，如果要用颜色来形容秦鸿俊的人生，那只有一种颜色——橙黄色。

2013 年，秦鸿俊所在道班的老班长退休，由于工作出色、勤奋刻苦，年轻的秦鸿俊脱颖而出，成为了石埠山养护工区舜柯山道班新一任的道班长。道班里数秦鸿俊年纪最轻，如何成为一名让工友们信服的道班长，秦鸿俊自有一套诀窍。上任伊始，他就和道班里的工友们开会，商讨制定了十几项规章制度，对道班的日常养护工作进行了明确的任务分配和流程细化，一改从前的“大锅饭”模式，实行道路分段承包制和养护评分制，极大地调动了养护工人们的积极性，工作效率也大大提高。道班的管理加强了，秦鸿俊依然没有闲着，他清楚道班长是道班的“中流砥柱”，要想道班工作做得快、做得好，自己就得身先士卒做好表率作用。因此他凡事都冲在最前面，脏活、累活也都是抢着干，平时加班加点更是常事。为了保证能够第一时间赶往现场处置各类公路突发事件，秦鸿俊干脆带着妻儿把家安在了工区，将根深深地扎进了道班，也将对养护工作的满腔热情铺洒在辖区的每一寸公路上。

秦鸿俊也十分注重道班养护技能的提高，在工区大力推进养护技术科学化、养护方式机械化的新形势下，他带着工友们努力钻研各项新技术、新工艺，认真学习大型现代化养护设备的操作和使用，着力培养养护技术能手。2013 年，在全市沥青路面灌缝操作技能比赛中，秦鸿俊所在的工区荣获了二等奖。

秦鸿俊毕业于南京农业大学农学与园艺专业，因此最擅长的自然要数绿化，公路两侧和隔离栏的树木种类，春季灭虫除草该用什么药水、喷多少量，夏季多久浇一次水、施一次肥，冬季何时该给树木刷白、修剪枝条，他都了然于心，问他准没错。

在秦鸿俊眼里，养护工不仅是公路的保洁员，还是公路坑塘、裂缝、桥头跳车的修补师；是公路两侧及隔离栏的绿化园艺师；也是突发事件的应急处置能手，这份工作看似简单，却关系着千家万户的出行平安。他常说，自己就是一个“小卒子”，保证公路的“畅、洁、美、安、绿”就是这一身橙黄色工作服赋予自己的使命，即使其中有辛酸，有艰苦，也要一步一个脚印、踏踏实实地做好公路养护工作。

坚守平凡、默默奉献、实战苦干、勇往直前，这就是秦鸿俊的“橙黄色人生”。

侯卓琦：反哺人之老

◉ 无锡超限检测站

舍己救人诚然是道德的至高境界，而反哺人之老的仁爱之心，也是动人的大爱之情，同样是高尚境界的一种体现。

侯卓琦是无锡市公路管理处直属单位无锡市超限检测站的一名普通职工，自 1983 年公路处成立之初便投身公路事业，至今已有 30 多个年头。熟悉侯卓琦的人都知道她工作踏实勤恳、兢兢业业，为

人真诚和善、乐观开朗；但是却极少有人知道，她还在长达20年的时间里一直默默地照顾着一位独居的邻居老太太刘桂兰，与刘阿婆结成了犹如母女般的情谊。

二十载亲如母女

侯卓琦与刘阿婆住在同一栋楼里，由于是邻居，一来一往两人觉得非常投缘。刘阿婆的老伴早逝，4个子女都各自成家，刘阿婆只身一人过着日子。这事儿被热心的侯卓琦看在了眼里："这么大岁数的人了，身边无依无靠的哪行。"刚开始，侯卓琦只是去刘阿婆家串串门，经常陪老人聊聊天、唠唠家常。后来，侯卓琦便时常邀刘阿婆到家中坐坐，自己家中做了好吃的菜会邀请刘阿婆一起吃，每到周末也会带着女儿去刘阿婆家，帮着做一些家务，给老人买菜、买米、做饭。平时上街买东西，侯卓琦也总会打个电话问问刘阿婆需要买什么。逢年过节，细心的侯卓琦担心老人孤单，于是把她接到自己家里，让老人享受合家团圆的天伦之乐。侯卓琦给父母买东西时，觉得合适的也会多买一份给刘阿婆，让她感受到家庭的温暖。弹指一挥间，这样的关爱和陪伴已持续了20多年，侯卓琦和刘阿婆之间的情感经过岁月的洗礼和沉淀变得更加深厚，已经宛若亲母女般密不可分。如今，侯卓琦已经五十多岁，而刘阿婆已年过八旬。

比亲女儿还亲的暖心"小棉袄"

如果说性格是天生的，那么乐观便是上天赐予的美好礼物。侯卓琦就是这样一个乐观的人。随着年龄的增长，刘阿婆的身体没有以前硬朗了，她时常会感到恐惧和无助，尤其是四个子女都不在身边，“没人养老”的感觉总是会让刘阿婆变得很沮丧。而此时，侯卓琦便给予了她最大的温暖。“不要瞎想，不要担心，有我呢。”这是侯卓琦经常对刘阿婆说的话，朴实的话语却也是最美丽的诺言。而侯卓琦也一直以她的行动兑现这句承诺——牵着刘阿婆的手逛菜场，帮她梳头理发，时刻挂心着刘阿婆家里的柴米油盐，天气变化也会提醒她添衣、关窗，每周把刘阿婆接到家里帮她洗澡……这一举一动都如同涓涓细流一般滋润和温暖着老人的心田。“侯卓琦比我自己的女儿还好，真的是贴心的小棉袄啊！”刘阿婆时常向别人由衷地称赞侯卓琦这个“女儿”。

刘阿婆患有高血压、心脏病多年，需要经常去医院输液、配药。因为放心不下老人，侯卓琦每次都亲自陪老人到医院看病，排队挂号、付费、取药、做检查……跑上跑下、忙里忙外。有一次刘阿婆生病住院，侯卓琦不仅特地请假在医院照顾她，还用自己的钱为刘阿婆的药费买单。侯卓琦的照顾让刘阿婆很是感激，心里也一直牵挂着这个“女儿”。“其实这点照顾真的不算什么，认识了20年，刘阿婆就是我的家里人，她身体还算好，有时有点小毛小病的，子女不在身边，我住得近，都是顺手的事呢。”侯卓琦娓娓地说。平时吃过晚饭，侯卓琦还会搀扶着刘阿婆，在小区里散散步，在她自己看来，这已经成了一种习惯。不仅如此，侯卓琦还时不时给刘阿婆的子女打电话，告知刘阿婆的近况，让他们平时多抽空来看看年迈的母亲。

仁爱之心　大爱之情

在得知刘桂兰老人的情况后，无锡市超限检测站的领导特地在过年前夕来到刘阿婆所在的小区看望她，并送上最真挚的祝福及慰问品。舍己救人诚然是道德的至高境界，而反哺人之老的仁爱之心，也是动人的大爱之情，同样是高尚境界的一种体现。古人云：“老吾老以及人之老，幼吾幼以及人之幼。”在物质生活不断丰富的今天，精神上的宽慰和富足对于老年人显得格外重要，一句问候、一刻陪伴也许比物质上的给予更加温暖。“我们在一起也就是随便聊聊，上下班路过刘阿婆家跟她问候一声，平时相互走动走动而已，就是普通的老邻居之间的情感。”侯卓琦说。然而，对于很多老人尤其是空巢独居的老人而言，很多事情也许并不一定比看似普通的闲聊更温暖、更贴心。

蒋健：心中的“母亲之路”

◉ 陆顺

铸就我们自己的“母亲之路”，在于每个公路人、公路参与者一点一滴的汇聚。

初春时节，阳光冉冉，蒋健一早就跟随同事一起上路巡查，了解管辖路段的最新情况。这一天的312国道上路面情况与往常一样，路边的灌木正在萌发新芽，各种花朵争相开放，此刻的公路美丽

如画。人们沐浴在春风里，呼吸着清新的空气，心情也格外舒畅。

公路是时代性最强的产物之一，它彰显着时代精神。在美国有一条66号公路，始建于20世纪初，在美国地图上划了条对角线，被亲切的称之为“母亲之路”，这条路在修建时正值大萧条时期，因此不仅见证了他们民族所经历的苦难，而在开通后的繁忙更见证了他们自由、勇敢进取的精神，是美国公路文化的精神图腾。虽然现在它已被淘汰出美国的公路路网体系，连日常的养护都是由志愿者在维持，但每年还是会吸引众多的游客慕名而来，驾车穿越这条公路，感受它的文化魅力。作为一个从事路政管理工作的公路人，蒋健也常常在思索着我们中华民族的“母亲之路”在哪里，也许我们现代公路的历史还太短，还没有形成深厚的公路文化底蕴，但铸就我们自己的“母亲之路”，得靠每个公路人、公路参与者一点一滴的汇聚。

公路与我

记得两年前的初秋时节，刚来到路政内业工作岗位三个月的蒋健迎来了工作上的第一个挑战，那是一次全市范围的道路户外公告整治活动，由市政府牵头，交通、工商、城管、规划等多个部门联合行动的一次集中整治，蒋健的工作单位所负责的区域涉及到3条国、省道，这些道路穿过多个集镇，路况复杂，沿线各式广告牌众多，且涉及多头审批，数据量大，收集难度也大。三个路政中队每天上路统计，足足花了三周才完成，收集回来的原始资料堆满了案头，蒋健的任务是把这些数据全部制作成电子表格，一块广告牌对应一张表，配以远景及近景图片，然后再根据牌子的类型进行分类和统计。一共有两百多张广告牌，数据的整理工作重复且枯燥，但又必须准确无误，一丝不苟地完成，连着两个礼拜的高强度工作，晚上和周末的时间也用上，终于赶在上级要求的期限前完成了任务。当蒋健还没来得及缓口气放松一下的时候，新的难题又摆到了他的面前。当资料报上去后，上级单位为了让数据更精确的呈现，决定升级每张表的统计格式，时间紧迫，他只有两天的时间来修改这两百多张表格。那两天，他通宵达旦地忘我工作，终于在最后一天的凌晨 4 点多完成了所有工作，那一刻的感觉除了些许疲惫，更多的是战胜挑战的成就感，以及不负一个公路人使命的欣慰。

蒋健在从事路政内业工作的这两年中，这样大大小小的统计调查已经历了十余次。除此之外，他还要负责各类报表的收发、路产维修记录及核对、装备管理、各类台账资料的制作等，这些内业资料的收集、整理及完善是一项严谨、烦琐、细致和反复的工作，为了确保资料的准确性和完整性，每一次的工作蒋健都如履薄冰，以高度的责任心努力做到最好。2015 年将迎来“十二五”全国干线公路养护管理检查，这也是蒋健第一次经历这样五年一次的综合性大检查，这对单位的路政管理水平提出了更高的要求。任务是艰巨的，蒋健已做好充分的准备来迎接这次挑战，全面、深入、细致、扎实地完成每项工作。

312 国道的精神气质

一条公路就是一幅长长的画卷，不仅凝结着当时科学技术的最新成果，同时还折射出了当时公路人的创新思想和理念。312 国道全长近 5 000 千米，从上海一直绵延至新疆霍尔果斯口岸，多少人服务着它或被它服务着，每天有无数的故事在路上发生。蒋健相信，随着时间的积累，每一条这样的道路都会慢慢沉淀出它的精神气质，形成特有的公路文化。公路文化是一种无形的力量，一旦产生就会向公路周围的各个领域渗透，进而转化为强大的推动力。如同美国的 66 号公路一样，312 国道也将成为一个时代的象征。若干年后，蒋健希望带着家人驾车开始这一段公路旅程，感受这 5 000 千米的美景和文化烙印。或许到了那时这已成为一种新的时尚，人们开着车自由的徜徉在公路“母亲”的怀抱中，体验着交通的便利，欣赏着沿途美丽的风景，品味着这特有的公路文化。

滕晨辉：执着绽放的公路“玫瑰”

◉ 刘金凤

滕晨辉说，路，是人走出来的。别人走过的路，我们可以选择着走；别人没有走过的路，我们可以探索着走。最好还是走自己的路，尽管有曲折、有坎坷……

盛世交通，公路巨变。如今，我国的道路交通建设蓬勃发展，蒸蒸日上，公路交通的快速发展不仅能够提升区域经济和城市形象，改善投资环境，更是成为了经济社会和谐发展的强大动力。公路打开致富之门，让人民群众走上富裕幸福的康庄大道。然而，一条公路能否良好、健康的运行不仅取决于设计、施工的水平和质量，而且在很大程度上需要依靠日常的养护和修缮，在公路人中经常流传着“三分建设，七分养护”的说法，养护对于公路的重要性可见一斑。藤晨辉——太仓市公路管理处分管养护工作的副主任，在参加工作的 20 多年中，用坚持、奉献和执着，在公路养护工作中不断攀登着一个个新的高峰。

公路人中的行家里手

1995 年 8 月，刚刚参加工作的滕晨辉面对陌生的工作暗下决心，一定要尽快熟悉业务工作。为了成为行家里手，她不断学习新知识，增加新本领，认真钻研专业理论，不断提高工作水平。2003 年 10 月，她独立完成了论文《压浆工艺在水泥路面加铺沥青面层施工中的应用》，并在苏州市公路学会 2003 年度学术会议中发表、交流，她在论文中对公路钻孔压浆施工技术的阶段控制提出了独特见解并用于公路的施工实践中，不仅提高了工程效率，而且还降低了工程成本。2004 年 1 月，她又撰写了论文——《如何提高公路工程投标基础标价的准确性》，就招标文件研究、方案确定、工程量计算及编制依据等九个影响基础标价的因素作了充分论述。凭着这样的勤奋努力，刻苦钻研的精神，她顺利通过了国家一级建造师考试，并获得了国家乙级造价师的资格。

滕晨辉勤学好问，善于钻研，扎实的理论知识功底为她能够更好地完成工作任务打下了坚实的基础。有一次，在指导浏河镇创建省级乡村公路管养及安保工程示范镇的过程中，滕晨辉遇到了一个棘手的难题。由于部分穿越城区的道路周边城市化较高，原有的里程碑无法适应周边环境，且施工难度较大。如何在符合国家技术规范的基础上进行改造，使公路里程碑的设置既能够发挥其原有功能，又能够与周边环境相协调让滕晨辉绞尽脑汁、寝食难安。经过反复思考，她终于找到了解决办法，在严格遵照《道路交通标志和标线》（GB 5768—2009）和《公路交通标志和标线设置规范》（JTG D82—2009）等国家和行业技术规范的基础上，对里程碑的内容进行了优化，既满足了公路的管养需求，又做到了不影响城区段的美观，最终浏河镇顺利通过了“省级乡村公路管养及安保工程示范镇”的验收，成为全省首批、苏州市首个获此殊荣的乡镇。

路，是人走出来的

滕晨辉同志对待工作有着火一样的热情，公路养护工作看起来简单，但做起来实则不易，而要做好则更难。滕晨辉说，路，是人走出来的。别人走过的路，我们可以选择着走；别人没有走过的路，我们可以探索着走。最好还是走自己的路，尽管有曲折、有坎坷……要走自己的路，要走太仓特色的公路管养之路。2004年，在事企分开、转企改制和公路部门职能转变的新形势下，她积极探索公路管养的新机制，将科学计划、精确计量、精细管理和强化考核贯穿于公路管养的全过程，并且先后制定了《公路养护技术规范》《质量评定标准》《小修保养考核》《合同信誉政绩》等一系列公路管养的考核办法，使公路管理走向程序化和规范化。

说到就要做到，定下就要落实。不管是盛夏高温，还是三九寒冬，她总是风尘仆仆地深入到工地一线，掌握第一手材料，面对面地进行技术指导，解决了一个又一个公路养护的棘手难题，使太仓市的公路养护事业在道路等级低、基础差、底气不足的情况下逐步走出低谷步入正轨。尽管任务繁重、工作艰苦，还要经常加班加点、废寝忘食，但她从不道一声苦、喊一声累。她以勤奋、努力、拼搏、忘我的精神塑造了新世纪公路人锐意进取、勇敢坚强的卓越形象。

不忘初心，方得始终

2008 年年关将至，一场罕见的大雪袭击了太仓市，降雪厚度超过了 30 厘米，道路受阻，陡坡急弯处路滑，严重影响了道路的通行、过往车辆的安全及日渐繁忙的春运工作。灾情发生后，她不顾个人安危，亲赴一线指挥，带领着全市养护系统的职工投入到抢险抗灾工作中，由于她以身作责的表率作用及采取了得力的措施，太仓市养护系统的全体职工出色地完成了各项抢险抗灾任务，把灾情造成的影响和损失降到了最低，保证了春运工作的有序进行。有一次，她在夜里 10 点多接到 110 举报，浏双线沿江高速上跨桥桥坡出现冰冻，造成车辆侧滑，多车相撞，交通中断。她第一时间赶赴现场，指导抢修工作，经过紧张的奋战，仅仅在一个小时后，道路就恢复了畅通。

与众多辛勤劳动和默默奉献的公路人一样，滕晨辉在工作和家庭之间往往很难兼顾，工作上投入得多一点，对于家庭的关爱和陪伴就会相应少一些。作为一个妻子和母亲，多年来，为了太仓市的道路交通事业，滕晨辉常常忽略了对家人的关心，也没有尽到一个母亲对孩子应尽的义务。面对家人对她的理解和支持，滕晨辉更是充满着愧疚。

如今，尽管滕晨辉已走上管理岗位，但她的身影依然很少出现在办公室里，每天从早到晚，她都在公路上忙碌。“当初从事这份工作，就是因为自己热爱，只有不忘初心，才能方得始终。既然选择了，就一定要做出成绩来。”滕晨辉总是如是说。

在滕晨辉主任的带动下，太仓市的公路管养工作正在新的路上大步前进。公路环境、公路绿化，路容路貌已今非昔比，成为了太仓市一道亮丽的风景线，多次受到上级和社会各界的好评。历经千番寒彻骨，终得梅花扑鼻香。她以对工作的热情、执着和无私的奉献诠释了当代女性的信念和追求。

蒋芬：用行动告白

◉ 沈晓芳

在家庭及社会生活中，她以十几年如一日的真心、耐心和诚心，诠释了一名好媳妇、好妻子、好母亲的全部内涵与家庭责任的意义。

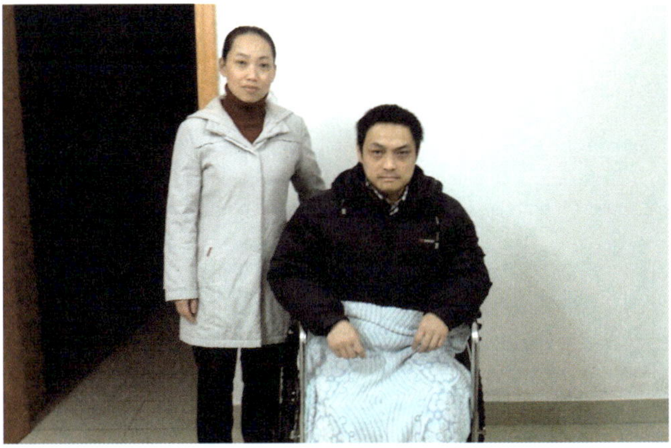

提及苏州市吴江区盛泽收费站的蒋芬，所有熟悉她的人无不竖起大拇指。尽管她的人生看起来很平凡，有坎坷，有磨难，但她始终不言退缩。她不仅在盛泽收费站票证管理员岗位上的工作表现得到了领导及同事们的一致肯定；在家庭及社会生活中，她更是以十几年如一日的真心、耐心和诚心，诠释了一名好媳妇、好妻子、好母亲的全部内涵与家庭责任的意义。

夫因病残疾　妻不离不弃

2001年，23岁的蒋芬和24岁的庞志坚在亲人们的祝福声中喜结良缘。婚后不久，可爱的儿子呱呱坠地，更是给这个小家庭增添了无尽的欢乐。然而天有不测风云，2008年7月，一向健壮的丈夫庞志坚突然觉得腿脚无力，迈不开步子，随即到医院求医，在吃了一段时间的药物后他的病情不仅不见好转反而有加重的迹象。他们来到苏州市第一人民医院治疗，医生对病情的诊断为“胸椎压迫神经”，建议手术治疗。手术风险很大，如果不成功的话他将永远无法站立。夫妻俩在得知这一消息时如同五雷轰顶，但即使只有百分之一的希望他们也要去争取，他们东拼西凑地筹集了手术费，然而手术却未能换来丈夫的康复，而是胸椎压迫神经致高位截瘫！

当一个正常人突然变得行动不便，大小便都没有知觉的时候，对于任何人来说都是难以接受的。出院后，庞志坚的脾气变得十分暴躁，他的突然改变让蒋芬不知所措和感到十分委屈。以前他可是连一句重话都不舍得对她说，而出院后他却经常对妻子发脾气，说各种难听的话。更让蒋芬始料未及的是，一年多后的一天夜里，当她睡着的时候突然收到丈夫的短信：“老婆，我知道这几年你跟着我受苦了，为了以后你能过得好点，我们还是离婚吧！”看到这条信息后，蒋芬从背后抱着丈夫大哭起来，这晚，他们一直聊到过去所经历的或欢乐，或艰难，或苦涩，或甜蜜的种种，聊到现在的生活和儿子的以后……

蒋芬的爱人瘫痪后的 6 年多来，为防止腿部肌肉萎缩，刚开始时每天晚上临睡前蒋芬都要帮他的双腿轮换做运动，双腿重复各做 100 余次，每次做完她都汗流浃背、气喘嘘嘘。由于双脚没有知觉，所以每次洗脚时都要由蒋芬试好水温后才能帮他洗，顺便按摩一会儿脚底，让脚底的血液循环。

由于丈夫的大小便一直没有知觉，有时候睡到半夜闻到味道了才知道又把大小便弄在床上了，于是蒋芬马上从被窝里爬起来帮他把被子和衣服全都换了。特别是冬天，半夜从被子里爬起来非常冷，但蒋芬任劳任怨，一直悉心地照顾着丈夫。每逢这时庞志坚都会用满含歉意的眼光看着妻子。

由于蒋芬一家住在三楼，丈夫自从瘫痪后有很长一段时间都只能待在家里，无法下楼接触外面温暖的阳光和清新的空气。一次偶然的机会，蒋芬得知楼下的邻居要把房子卖了，于是她就和公婆商量把结婚时的婚房卖了，换到底楼一个有院子的房子。天气暖和的时候蒋芬就推着轮椅带他出去四处走走,两人边走边聊这几年一路走来的变化，大街小巷、公园里都留下了他们的欢声笑语。

耐心教儿子　真心待家人

蒋芬对儿子同样倾注了大量的心血，爸爸的瘫痪使孩子变得孤独、不爱讲话。蒋芬看在眼里，急在心上。在去学校问到儿子的表现时，老师反映说：“乖是挺乖的，就是上课总是开小差。”于是蒋芬在晚上睡觉的时候和孩子闲聊，开始他什么也不肯说，就是哭，蒋芬只能鼓励他。几次下来，儿子终于说出了心里话，原来他们班上一个同学的父母离婚了，现在和爷爷奶奶一起生活。他担心妈妈和爸爸也会离婚，上课的时候总是不由自主地想到爸爸好可怜，想到妈妈会不会离开爸爸……听完这些，蒋芬搂着儿子说："家里有妈妈在呢，妈妈不会不要爸爸的"。经过几次耐心、真诚地开导，孩子心里的阴影慢慢地在消失，成绩也进步了。

公公和婆婆在自己的儿子瘫痪后，一直担心蒋芬会离开，刚开始他们也一直提防着儿媳。蒋芬为了消除他们的顾虑，在换房子的时候，虽然房产证上写的不是蒋芬夫妻俩的名字，但蒋芬还是主动拿出了自己结婚以来的全部积蓄还向亲戚借了几万元，凑在一起换得适居。最终蒋芬用自己的实际行动和日复一日、年复一年对丈夫的无微不至的呵护和照料感动了老人，让他们不再有顾虑。

赤诚待工作　优质换好评

蒋芬的赤诚之心同样体现在工作中，自从2006年在盛泽收费站担任票据管理员后，她严格履行岗位职责，做好领用、发放各项票据，及时核对收款，做到票、款、账相符，做好日清日结。收费站的服务对象是广大司乘人员，盛泽收费站的月票出售量很大，每月都有1 300余张，按规定，办理月票的时间统一为每月20日至月末，但在这期间时常出现20日至25日办理月票的车辆较少，而到月末那几天车主都扎堆挤在一起办理，形成高峰期。为此，蒋芬一方面耐心地解释购买月票的政策，在月底高峰期到来前电话提醒相关车主；另一方面，针对经常往返的营运车辆提前开好票据，待车主前来时直接付款即可，整个过程只需 1 至 2 分钟。

蒋芬所在单位的领导在得知她的生活状况后，及时向他们伸出了援助之手。吴江区总工会、交通局、公路处及收费站等各单位都纷纷给他们送来了温暖和关怀，社区居委会还为他们一家办理了特困户证明。蒋芬的这种“不离弃、不放弃、不抛弃”的精神感动了吴江区，2013 年 10 月，吴江区领导为她颁发了“沈华民孝老爱亲奖”的奖牌和证书。

夫妻俩就这样相濡以沫，相互搀扶着走过了十几年，对于蒋芬来说，既酸楚，又慰藉。她就像一片红枫，历经风霜却鲜红似火，即使飘到地上，依然挡不住她美丽的色彩。正如她自己所说：“只要丈夫能快乐地活着，拥有完整的家庭，我再苦再累心也甜。”

陈飞：姑苏大道的护航员

◉ 李海峰

他时常对下属说的一句话是：“千万不能以为我们是朝南坐的就可以高高在上，其实我们都是服务生，工作好不好关键看服务，服务到位了、解释透彻了，工作就会事半功倍。”

陈飞同志系苏州市公路管理处（苏州市公路路政支队）副支队长、处纪委委员、处机关第二党支部书记。多年来，他在工作中勤

于实践，善于创新，为苏州市的路政管理工作做出了较为突出的贡献，在青年职工中发挥了较好的引领示范作用。十几年来，他先后获得了“2005年苏州市行政服务中心先进个人”“江苏省交通厅‘十一五’全省公路养护管理先进个人”、江苏省交通运输行业第三批“百名先锋模范党员”等多项荣誉。

同时，作为“十二五”苏州市公路系统“一把手亲自抓典型”的唯一个人代表，他用实践和汗水捍卫着“大道护航员”的美誉，用才智和成果印证着一名公路人的价值。

厚积薄发的“排头兵”

自2000年6月从南京大学毕业后，陈飞就一直在路政部门工作，这一干就是15年。随着苏州市公路路政支队、江苏省高速公路路政总队苏州支队的相继成立，他逐步显露出自己的才华和能力。

在派驻市行政服务中心交通窗口3年之后，他开始担任路政业务一科的负责人，协助负责全市366千米高速公路的路政管理工作。在这期间，陈飞认真地履行着各项职责，包括每月对所辖6个高速公路路政大队的工作进行考核和通报，全面规范高速公路路政许可管理工作，定期组织路政人员进行业务培训和考试，制订中队长述职和考核办法等，有效地提高了全市路政人员的业务素质和执法能力。他推行的高速公路控制区数字化管理的模式被江苏省交通厅公路局的认可，经验被《中国交通报》刊载推广；他参与了《苏州市公路条例》的制订和后期修订、评估等工作，为苏州市的高速公路路政管理工作走在全省前列奠定了坚实的基础。

2013年年初，陈飞调任苏州市公路路政支队副支队长。他进一步理顺和规范了苏州市800余千米普通国、省干线公路的路政管理工作，并对全市10 000余千米农村公路的路政管理工作进行指导，每季度组织对全市的公路路政管理工作进行考核，取得了较好的成效。此外，在他的带领下，苏州市的安全设施可视化管理、农路治超等工作也走在了全省前列。

尽善尽美的“服务生”

陈飞秉持着“执法就是服务”的理念，为进一步提高路政行政许可的效率，针对众多企业对于超限运输许可的审批需求，他决定将超限运输类许可的审批办理前置于行政服务中心窗口，同时提供免费邮寄等多项服务工作，免去了当事人的来回奔波之苦，获得了广大业主和同乘人员的好评。

节约服务对象的时间是赢得认同的基础。针对新增平交道口、易燃易爆管线埋设和重大工程施工路段的许可申请，他总是在第一时间召集相关业务人员会商，并联合交巡警、安监等部门召开施工方案和安全评价报告审查会，确保施工方案的安全可行。

他时常对下属说的一句话是：“千万不能以为我们是朝南坐的就可以高高在上，其实我们都是服务生，工作好不好关键看服务，服务到位了、解释透彻了，工作就会事半功倍。”

铁面无私的“守门员”

“一步不慎，满盘皆输”，长期以来，陈飞始终坚持把严格执法作为路政管理的底线，特别是在2013年11月当选为公路处新一届纪委委员后，他更加意识到自身的职责和使命，在日常生活和工作中也更加严格要求自己，遵守廉政建设的各项有关规定及要求。在治理超限和办理行政许可的过程中，总有这样那样的人试图在他那里通过“打招呼”“托关系”等要求给与方便，但陈飞全部将这些不合规、不合理、不合法的要求和诱惑拒之门外。

作为公路处机关第二党支部书记，他积极组织支部党员开展党建活动，踊跃参与“大道千里眼”“大道护航员”等服务品牌建设，深入开展党的群众路线教育实践活动。目前，体现公路信息中心高效服务的“大道千里眼”服务品牌已成功建设成为省级公路系统服务品牌，体现路政系统高效服务的“大道护航员”等品牌正在积极打造的过程之中。

交口称赞的“小老师”

面对新的工作岗位和工作环境，陈飞注重加强业务知识的学习，并努力形成自己独到的理论体系。与此同时，他结合工作需要，推行每周晨会制度，定期和科室人员谈话，促进路政各岗位人员的工作交流，营造了和谐的工作氛围。陈飞还经常应江苏省交通厅公路局的要求，为申领部证、省证的执法人员授课，得到了广大学员的一致好评。

于2011年来到公路处工作的研究生李晨刚对“陈老师”的授课深有感触，他说：“我刚进入公路处的时候，陈队给我和杨心刚上了半天课，就我国公路事业的一些基本情况及公路管理的基础知识作了深入浅出的介绍，至今仍觉得受益匪浅。”

江苏省公路交通系统中的很多执法人员都听过陈飞的授课，因此，无论“小老师”出差到省内的哪个城市，总有“学生”会主动地向他问好。

欢声笑语的“正能量”

陈飞同志性格外向，乐于助人，无论是在工作中还是在生活中，凡是同他打过交道的人，无不为他的性格所叹服。提及对陈飞的印象，无论是机关职工还是一线的养护人员，不分年龄长幼，大家都亲切地叫他“飞哥”或“飞飞”。

公路处信息中心主任潘晓霞说：“我有一次在使用路政管理系统的过程中遇到了疑问，飞飞正好出差，于是他在电话里耐心地为我释疑解惑，让我觉得很温暖。”

路政支队业务一科负责人赵筠感慨道：“我有时在业务上遇到难题，飞哥总是在第一时间出现，为我指点迷津。”

谈到陈飞，苏州市民政局政策法规处宗建安处长笑容满面地说道：“当年我与陈飞都被单位安排驻扎在市行政服务中心，没几天就成了无话不谈的好友了，他的业务能力和沟通能力都非常强，方方面面的反响都很好。”

大道护航，一路芬芳。他护航的不仅仅是一条条蜿蜒的公路，更是做事、做人的道理，正是有了越来越多的“陈飞”们，才撑起了苏州市公路事业腾飞的脊梁。

纪国梅：生死相伴恩爱长

◉ 汪磊

“只要心中有光，世界就不会黑暗”。一个平凡的家庭在噩运面前充满坚强，积极向上，用十七载的生死相伴，让希望和爱的道路无限地拓展延长。

17 年前，以身作则的公路收费人员徐进文，为阻止逃费冲卡的车辆被撞成植物人；17 年间，徐进文的妻子纪国梅不离不弃，肩负

起了整个家庭的重担；17 年后，苦尽甘来，徐进文苏醒站起，儿子大学毕业。17 年来，在这个平凡的家庭中上演了不平凡的故事。

工作中被撞成植物人

1998 年 6 月 24 日，204 国道如皋收费站内一片忙碌，不时有车辆来往穿梭。像往常一样在收费站巡视的稽查班班长徐进文，不断地查看着来往领卡的车辆。突然，一辆恶意冲卡逃费的汽车横冲直撞，企图逃过检查，在这个紧急关头，徐进文不顾危险上前拦截。那辆汽车的驾驶员加速逃离，将徐进文撞飞在路边。闻讯而来的同事们将徐进文紧急送进医院。由于徐进文头部受到严重损伤，在医院连续昏迷了 28 天后才从死神手中挣扎了回来。医生望着心急如焚的纪国梅说："徐进文的脑干受到严重损伤，四股受到损害失去功能，记忆和语言能力丧失。" 这个消息如同晴天霹雳一般让这个家庭的生活陷入到了深渊中。

谈起徐进文和纪国梅的感情，还要从 1990 年说起，这一年，徐进文与在建设乡缫丝厂工作的纪国梅通过自由恋爱走到了一起，步入了婚姻的殿堂。一年后，这个欢乐的小家庭中增添了新的生命，儿子徐亚飞的出生给他们带来了更多的甜蜜和欢笑。夫妻俩一边辛勤地工作，一边兴办起养殖场，日子过得有滋有味。1997 年，徐进文对妻子说："我们都有稳定的收入，借钱把房子起好，将来就可以享福了。"于是，他们贷了十多万元，在老 204 国道边上建起了 400 多平方米的三层小洋楼，成为了周边邻居羡慕的对象。

然而面对这突如其来的变故，纪国梅噙着眼泪，望着病床上的丈夫，不知道接下来的日子该怎样过下去。8 岁的儿子才上小学二年级，家中的债务需要偿还，徐进文又成了一个“植物人”，可能她之前也未曾料到命运为何对她是如此的艰难和坎坷。

与死神的三次争夺战

为了丈夫的康复，这位普通的农家妇女辞去了缫丝厂的工作，关闭了自家的养殖场，一个人挑起了家中全部的重担。徐进文一日三餐都要陪护，大小便不能自理，一天 24 个小时身边不能离开人。纪国梅担负起对丈夫全天候的陪护，从洗脸刷牙到大小便，丈夫的生活完全靠她一人料理。夏天，她拿着扇子守在徐进文身边，驱赶蚊子，让他安静入眠；冬天，她铺起厚厚的棉被，帮丈夫戴起暖暖的手套。家里经济有了困难，她就从外边接一些手工活，每天在病床前织毛线衣，贴补一些家用；庄稼需要收割，她就叫上父亲一起帮忙；孩子上学，就让隔壁的邻居一起送到学校。在她的心中，只有一个信念，那就是把这个家塌下来的一片天撑起来。

17 年来，纪国梅守着不能动弹、不能说话也不能站立的老公，心中的酸楚只有她最清楚。以前，一家三口有说有笑，充满了欢乐，现在的丈夫却随时都徘徊在死神的门前。由于长年卧床不起，徐进文的体重达到了近 200 斤，每天翻身都成了难事。这时纪国梅总是咬着牙，和年幼的儿子一起使劲，一个人抓住他的胳膊，托住他宽宽的背；另一个人抓住脚，往同一个方向使力。这样的“剧烈运动”每天都得进行不少于七八次，每次下来纪国梅都累得气喘嘘嘘。为了恢复徐进文的体能，纪国梅总是每隔一段时间把丈夫背在自己的背上，让他能够起个身，在床边上坐一坐，让两条腿摆一摆。而每当这个时候，她总是要使出吃奶的力气，挣扎着背起丈夫，拖起一个没有任何知觉的人，就是希望能让徐进文坐起来，保持身体的机能。苍天不负有心人，经过这样五六年如一日的艰辛努力，徐进文的病情终于得到了好转，右侧的身体恢复了一些简单的功能，偶尔能发出一两个词的声音，并且还坐上了轮椅，告别了终日卧床的日子。

纪国梅正在为丈夫病情的好转感到欣慰时，命运的考验却再一次不期而至。2014 年 6 月的一天，纪国梅发现徐进文昏迷不醒，体征指标很不稳定，于是赶紧将丈夫送往医院。经过医生检查，由于长期缺少运动，徐进文患上了重型糖尿病，血糖指标超出常人十多倍，并伴有严重的并发症。为了挽救丈夫的生命，纪国梅守在病床前三个多月，经常连续三四个夜晚没有合眼，望着认不出自己的丈夫，她内心暗暗地落泪。老徐单位的领导和同事也千方百计地帮助这个多灾多难的家庭，从死亡线上换来了徐进文的第三次生命。

重新点燃幸福的火焰

自从徐进文出事之后，整个家庭的重担压得纪国梅喘不过气来。她一边要照顾身患残疾的丈夫，一边还要顾及茁壮成长的儿子。尽管家里是如此的艰难和困苦，全家仅靠一个瘦弱的女子苦苦支撑，但纪国梅依然没有放弃对儿子的培养。她下定决心，即使在这种逆境中也要承托起儿子的大学梦。她平时做着手工活，农时忙着农活，哪怕借钱也要一次次地把儿子的学费交足，尽量为他创造一个完整的童年。在五年前，儿子终于不负众望，考上了理想的大学，圆了一位含辛茹苦的母亲17年的心愿。

“当初，丈夫工伤失去了劳动能力，家中仍欠着十多万元的外债。这么多年来，要是没有这3亩小田、手工活计和公路站领导的长期关心和慰问，这黑暗还不知要笼罩多少时日！”纪国梅感慨地说道。从徐进文出事至今，公路站始终尽最大努力，为他报销一切医疗费用，按期及时发放救助金。每逢节假日，站领导还会为他们一家送上最真挚的祝福和满载着温暖和希望的慰问金。

17年来，纪国梅在公路站和亲戚朋友的帮助之下，勤勤恳恳地种植着3亩农田，夜以继日地做着各种手工艺品，不仅还清了外面的债务，如今的丈夫更是能够经常下床坐一坐，还能对上一两句简单的话。儿子也顺利地大学毕业，走上了工作岗位，女朋友也非常孝顺，经常来家里帮忙……阳光终于挤进了纪国梅的心坎，让这一家人沐浴到了久违的幸福！

许华：用青春演奏无悔乐章

◉ 崔海峰

一年 365 天始终忙碌的身影，2 000 多千米的农村公路成为了他的人生舞台。

一位刚刚 30 岁出头的年轻工程师，一名长期工作在农村公路一线的管理骨干和技术中坚，一个 365 天始终忙碌的身影，2 000 多千米的农村公路成为了他的人生舞台。他就是海安县公路站农管股股

长许华。

在这个舞台上，他挥洒着辛勤的汗水，铺筑着时代的坦途；他奉献着青春年华，演奏着无悔乐章。2012 年，他被县委宣传部、县总工会评为海安县“十佳文明职工标兵”；2013 年，他获得了敬业奉献类“海安好人”的称号。

创建“海安模式”升级版农村公路

在公路从业者中有着“三分建，七分管”的说法，养护工作的重要性不言而喻。如何管好、养好农村公路，让农村公路的“海安模式”更加巩固、更加成熟，从而更好地服务人民群众，创造安全、便捷的出行环境，成为了最迫切需要解决的新课题。面对这一系列的难题和挑战，许华健全及完善了各类岗位的职责、制度、流程和标准 4 大类共 30 多项，实现了“机构网络化、机制长效化、操作精细化”的农村公路“海安模式”的升级，有效地指导了全县各项农路管养工作的开展。

经过近几年的快速发展，海安县的农村公路面貌焕然一新，但农村公路的发展现状与时代发展的要求及群众的需求之间依然存在较大的差距，特别是海安县里下河地区由于地势低洼，水网密布，这一区域的农村公路呈现出“桥多、堤高、路窄、弯多”等特点。为此，许华带领县、镇两级农路管养精干力量，以南莫镇为试点，着手实施农村公路安保工程，针对线长、点多、工作量大、工作要求高等实际情况，他和团队中的全体同事放弃节假日休息，对全镇的农村道路实施逐路、逐道口的调查，对急弯、河沿、桥头、交叉口等危险地段及学校、集中居住区等人流密集地段进行节点调查，绘制现场草图，并逐一进行设计，历时两个多月最终完稿，设计方案得到了江苏省交通运输厅公路局领导和东南大学专家的充分肯定。为推广海安县实施农村公路安保工程的经验做法，2015年，江苏省乡村公路管养及安保工程示范乡镇创建现场交流会在海安县召开，海安县的农村公路又一次成为了全省亮点。

同事眼中的“许铁人”

近年来，海安县承担了省里布置的一些试点工作。包括全省县道质量技术评定试点、全省乡村公路养护质量检查评定标准实施试点和全省农村公路技术状况评定新标准实地验证工作试点。为了高质量地完成这些试点工作，许华不分白天黑夜地忘我工作。他办公室的灯总是最后一个熄掉，同事们都称他为“许铁人”“夜猫子”。一次他在路上搞调查，不小心导致右跟骨骨折，而此时正值全省县道质量技术评定试点工作的关键时刻，不能下地走动的他就依靠电话组织和指挥调查工作的开展，躺在床上整理数据、编制报表。稍稍可以下地了，他就拄着拐杖来到单位，尽管行动不便，同事们也劝他回家休息，但他始终坚守在岗位上。凭借着这股公路人不怕苦、不言累的精神，一份高质量的调查报告出炉了，为全省的评定工作积累了经验。

第一时间应对公路险情

做好农村公路管养工作的关键在乡镇。许华针对乡镇养护技术力量薄弱的情况，每年都定期举办公路管养技术和项目管理等一系列专题培训，并现场提供技术支持，帮助解决难题，提高维修质量。“许股长感动我们的不仅是他勤勉敬业的精神，还有时时刻刻为我们乡镇一线热情服务，无私奉献的精神”，这是各乡镇农路办主任对他的一致评价。

多年来，许华始终坚持为村、镇服务的信念，积极帮助各村、镇协调解决农路管养工作中存在的难题，对关键点实施跟踪服务，对技术难点开展专项培训指导。在全县数千里的农村公路线上，哪里有险情，哪里就有许华的身影。无论是狂风暴雨、还是严寒酷暑，他都会在第一时间赶到现场，快速确定处置方案，及时组织人员除险保畅。

许华，一名普通的公路人，他所做的虽然只是平平凡凡的工作，但展现给我们的却是爱岗敬业的精神，是勇于创新的魄力，是无私奉献的品格，更是我们这个时代年青工程师的楷模。

戴丽华：丽质流香处 路徽映芳华

◉朱萍 吴娟

“我也有亲戚朋友，我也重感情，但是，要让我违背国家法律、法规送人情、做交易，这绝对不行。”

自1989年参加工作开始，26年来她始终坚守在一线工作岗位。她出身于农民家庭，勤劳、简朴，对待同事诚恳热心，对待群众善良热情，对待工作坚持原则。她从一名后勤人员转变成为路政服务大厅窗口案件处理的业务能手，并被评为扬州市公路处先进个人。

她就是扬州市邗江区公路管理站的戴丽华，大伙眼中的“老戴”，群众心中的“贴心人”。

忘我工作　自学成才

戴丽华在工作中始终坚持参加业务培训，不断提高自身素质。她自 1992 年开始在收费站工作，1995 年 5 月的一天，在交接班时她被过收费道口的汽车撞倒，头部受伤，落下了头痛的老毛病，此后直到 2010 年她都在收费站从事后勤工作。2010 年江都收费站撤销后，戴丽华转岗到扬州市超限检测站工作。当时整个检测站只有戴丽华一位女同志，对治超案件的窗口处理工作便当仁不让地落到了她的身上。而此时的戴丽华只有高中文化水平，不会使用电脑打字，再加上头部受过伤，一用脑就会头痛，这更是增加了她适应新岗位的难度。面对工作职责的重大转变和工作难度的不断加大，戴丽华主动报名参加了计算机培训班，利用午休和晚上的业余时间练习打字，尽可能在最短的时间内提高打字速度。她说：“窗口案件处理时间紧，如果打字慢、浪费车主的时间就是我们的服务不合格、不到位。”

她通过不懈努力，在半年后顺利地通过了计算机等级考试。在接受继续教育获得大专文凭的同时，她也培养了自己钻研法律的浓厚兴趣，全站人手一本的《公路安全保护条例》早已被她翻得书页卷曲，字里行间蓝色、黑色和红色等各种颜色的标记和注解密密麻麻。在 2013 年下半年全站开展的职工读书心得征文评比活动中，她提交的文章就是《读〈公路安全保护条例〉有感》。2013 年，戴丽华在全站人员的考核中获得了优秀成绩，2014 年被评为扬州市公路处先进个人。

戴丽华不仅在工作上认真努力，对待同事也十分诚恳热心。2013 年下半年，蒋王收费站撤销，该站一部分人员分流转岗到扬州市超限检测站，程明彪就是其中的一位，与戴丽华当年刚转岗时的情形类似，不会打字的他产生了畏难情绪。戴丽华发现他在工作中情绪低落，便开导他说："不会没关系，可以学啊！你不要怕，不会的可以问我，我教你！"就这样，热心的戴丽华不仅自学成才，还积极帮助其他转岗人员适应了新的工作岗位。

秉公执法　廉洁奉公

由于治超工作涉及处罚金额及货物的卸载转运等方面的问题，所以往往前来办理超限运输案件的驾驶员会带有一定的抵触情绪，这给戴丽华的窗口案件处理工作增加了不小的难度和挑战。但她总说："我只要态度好，按照规章办事，他们会理解我们的工作的。"工作中她"以柔克刚"，每当车主前来时，她总会先主动给他们倒杯水，提醒他们注意观察"一机双屏"上显示的案件处理过程，并耐心解释相关的法律法规和政策，用微笑和真诚化解了车主们的抵触情绪，这一举动也赢得了当事人的一致好评。在戴丽华经手处理的 1 596 宗超限违章案件中，无一错案，实现了治超案件处理的零投诉。

不仅如此，戴丽华更是将服务对象当作家人一样来对待。2013 年 10 月的一天，一位母亲带着一个两三岁的孩子前来办理案件处理，已近午饭时间，孩子饿得哇哇直哭，而路政服务大厅附近也没有可以吃饭的餐馆。戴丽华看到这个情况后，便对孩子的母亲说："孩子饿成这样不行啊，要是你不介意，跟我到单位食堂吃吧。"由于单位食堂的饭菜是按人定量的，没有多余，戴丽华便将自己的那份菜都给了孩子和他的母亲，自己就着一碗饭和一份汤草草了事。

行者无疆　百善为孝

在生活中，她孝敬父母长辈，但同时也始终坚持工作原则。她常说："我也有亲戚朋友，我也重感情，但是要让我违背国家法律法规送人情、做交易，这绝对不行。"有一次，婆婆的一个亲戚涉及一宗超限违章案件，当事人先是拿出500元钱想让戴丽华行个"方便"，但她不为所动。后来，当事人又多方面托人说情，找到戴丽华的丈夫甚至搬出了她的婆婆，给案件处理带来了很大的压力。她的婆婆劝她给个面子，何必那么较真。戴丽华耐心地解释道："妈，他的货车超重了，不仅违反了国家的规定，对他自己也不安全。你想想，本来只能驮100斤东西的马，你硬要它驮200斤，这马不得累趴下啊，这跟货车超重是一样的道理。"最终，戴丽华说服了婆婆，也做通了当事人的思想工作，依法进行了处理。

就是这样一位在一线岗位上兢兢业业、勤勤恳恳工作的女性，尽管从事着平凡的工作，过着普普通通的生活，但在公路战线上，她留下了一串坚定、执着的脚印。

姜兆喜：荷乡公路的“老保姆”

◉ 陈定武 居然

39 年来，从家到工区，两点连一线，形成了姜兆喜的人生轨迹。

在荷乡的公路上，他历经无数次艰难困苦的考验，39个寒来暑往，穿破了上百双球鞋，走过了近10万千米的路程，每一座公路桥梁能承载多少吨重的车子、每一个涵洞在公路的什么位置他都如数家珍，烂熟于心。他就是宝应县一名普通的养路工，人称公路上的“老保姆”——姜兆喜。

作为养路工39年矢志不渝

现年58岁的姜兆喜在39年前高中毕业后带着父亲的期望成为了宝应县公路系统的一名养路工。那时候的公路大多是泥结碎石结构的砂石路，“晴天一身灰，雨天一身泥”便成为了养路工人工作环境的真实写照。除此之外，由于当时缺乏资金和现代化的施工机械，工人们需要用铁镐凿塘拌和泥结碎石材料，拉大磙子碾压路面，从很远的河里挑水浇洒路面……一切都靠人工去完成。姜兆喜说：“我之所以能坚持下来，是受到老一辈养路工们的影响，他们没有一个人叫苦叫累、掉队当逃兵的，大家每天都能乐观地工作、生活。”

姜兆喜所在的刘堡工区负责养护的237省道弯道多，树木茂盛，每年夏秋季都会发生几次大的行道树倒伏公路事件。姜兆喜说：“最怕夜里刮大风，一旦夜里出现大面积行道树倒伏公路的情况，很难在第一时间调集足够的抢险力量。”“怕归怕，保障畅通是我们的职责。印象特别深的是1999年夏季发大水，我们养护的广氾公路旁的河水几乎与公路齐平。因为我水性好，我一天之中连续跳到深水中20多次，用扎猛子的方式，逐个排除漏水险情。”在聊到养路工什么时候最辛苦时，姜兆喜没有正面回答，他说：“2014年2月7

日深夜 12 点多钟，237 省道潼河大桥桥面出现了严重结冰的情况，急需采取防滑措施……”寒冬中还在熟睡的他接到 110 指挥中心转过来的电话，二话没说便立即叫醒其他住在工区的工友，开着拖拉机直奔潼河大桥而去。

为工区节省十多万元的养护经费

在大伙的眼中，姜兆喜还是个能工巧匠。几年前，刘堡工区购置了一台手把控制排油的沥青油膏灌缝机，但在使用过程中该设备出现了排油膏不畅的问题。为了让油膏能够顺畅地流淌，他在反复琢磨和思索后终于找到了解决方法，为沥青油膏灌缝机改装了控制伐，同时加粗了输油管，经试用取得了良好的效果，省时也省力。公路绿化的养护和灌溉对于工区来说曾是个大问题，租用一次洒水车需要很高的费用。为此，他想到了将一台待报废的手扶拖拉机改装成洒水车，并在专业人士的指导下，用了 3 个月的业余时间将一辆手扶拖拉机成功地改装成了一辆方向盘式小型洒水车，并通过了车辆管理部门的验收，为它上了牌，成为了公路养护大家庭中的一位新成员。仅此一项就为工区省下了四五万元。刘堡工区的倪主任说：“我们工区的洒水车、割草机等小型设备近 20 台套，如果请专业师傅维修，一年得花多少钱？这块全是兆喜在负责维修，我们从没多花一分钱的维修费用。”

心中装着十多名好兄弟

公路养护实行市场化管理后，由于养路工拿的是标段工资，相对比较低，因此，作为道班长的姜兆喜琢磨着给大家增加点福利。经多方打听，一些厂区、街道和村镇缺少道路裂缝修补技术，相关维护工作遇到了困难。于是，他主动与这些部门的负责人联系，推介自己的专业特长，精心编制科学的修补方案和经费预算，并请他们上门观摩路面裂缝修补的全过程。功夫不负有心人，近五六年来，姜兆喜带领手下的工友们利用休假时间帮助维护厂区、镇区的道路，每年都能有十几二十多万元的纯收入。姜兆喜说：“每年能为大家谋万把块钱的福利，也算尽了我自己的一份责任。”工区炊事员王秀忠出生很苦，40 多岁仍然单身，姜兆喜对他格外的关心，福利上的事一样也不落下，还特意关心他的终身大事，积极帮他牵线搭桥，圆了他组建家庭的梦想。这么多年来，无论哪个道工家里遇到困难，姜兆喜都会在第一时间献上自己的一份爱心。

面对十多人的邀请留了下来

2012 年，姜兆喜到了正式退休的年龄。此时的他几多兴奋、几多感慨。兴奋的是要退休了，可以好好地休息，尽享天伦之乐；感慨的是，与公路打交道已有 36 年，这样一下子退下来，心里总感觉空落落的。工区专门为他举行了欢送会，10 多名工友们聚在一起，尽情地开怀畅饮、叙说往事。此时，工区的倪主任问大家：“请老姜留下来跟大伙再干几年，你们说好不好？”大伙纷纷叫好，也齐刷刷地看着他，热切地期待着他的回应。这时，姜兆喜打破了沉闷的气氛，举起酒杯说：“感谢大家这些年来的支持，我也很愿意留下来和大家一起再干几年，只要公司同意就行。”话音一落，场面再次热烈起来……休息了几天后，姜兆喜就带着行李又住进了刘堡工区，重新回到了他所热爱的工作岗位上。

大伙之所以盛情挽留这位即将退休的老同事，正是在于他凡事都为大家着想，并且关心和体贴每一位员工，更是让大家如同亲兄弟般团结。

光阴荏苒，39 年来，从家到工区，两点连一线，形成了姜兆喜的人生轨迹。在谈到今后有什么打算时，姜兆喜说："我留在工区，不为钱，而是不忍离开曾经所熟悉的工作岗位和朝夕相处的兄弟们。""我也希望自己趁有精神的时候在公路上再做些事情，也祝愿全天下的公路人修路修平安。"

周坤、刘长春、杨春荣：高邮“路哥”好样的

◉程广德 童跃华

“雪情就是无声的命令。”没人通知，不约而同，他们冒雪赶到单位，一个不少。

又是一个不眠之夜。

2015 年 1 月 29 日夜里 11 时 15 分，雪纷纷扬扬地下着。站在

125省道高邮湖新民滩大桥桥头的高邮市公路站路政股股长周坤迎着漫天飞舞的雪花，第三次走上了大桥，他先用脚使劲踏了一下桥面，桥上的积雪发出“喳喳”的声响，接着在桥面上走了八九十米，脚底又硬又滑的路面让他顿时感觉到可能存在的安全隐患。“封桥，实行临时交通管制！”根据公路特情应急处置预案，他果断地下达了指令。

在桥头待命的站路政人员、养护管理人员和工区养护工全都开始紧张地忙碌起来。0时15分，大桥封闭工作完成。而周坤回到家里时已是深夜1点多钟了，可他辗转反侧，始终睡不着，他还在想着那雪，惦记着那桥，那白天车流滚滚的路。

雪情就是无声的命令

1月30日6时，天还没放亮，尽管雪比夜间小了一些，但是还在下。高邮市公路站路政案件服务大厅里站满了人，他们是3个路政中队的19名路政人员。“雪情就是无声的命令。”没人通知，不约而同，他们冒雪赶到单位，一个不少。

周坤望着一个个冻得发红的脸庞，给大家做了简短而有力的动员：“人到齐了，各就各位，出发！大家路上小心，注意安全！”3个路政中队的6辆巡查车冒着风雪，从公路站的大门争相驶出。

周坤径直奔向125省道高邮湖新民滩大桥，又一次来到了昨晚紧张忙碌的现场。这是一座凌空高悬在高邮湖上、全长8 400多米的公路特大桥，由于侧风很大，遇有风雪天气路面极易结冰。6时30分，一场除雪破冰的抢险战在大桥打响，50多名路政员、养护管理人员和湖西工区的养护工组成抢险突击队，平地机、汽车、融雪剂撒布机的隆隆轰鸣声霎时间打破了冬日湖滩的沉寂。周坤奔前忙后，衣衫早已湿透，他却浑然不知。

位于其他路段的路政人员也紧张地投入到抢通保畅的战斗中，一条条信息纷至沓来：“333 省道二沟人字河桥结冰，人工铲除清扫正在进行”“332 省道高邮临泽集镇段积雪较厚，中队正配合沿线村组群众清扫”……

上午 9 时许，飘雪基本停止。11 时 30 分，新民滩大桥上的冰雪基本清除；12 时，辖区内 6 条省道上的冰雪已基本清除。下午 2 时，周坤再次来到新民滩大桥巡察，在确认大桥达到安全通行的条件后，封闭了 15 个小时的大桥解除交通管制，在下午 3 时恢复通行。

下午，各路政中队再次上路进行当天的第二轮巡查，直到晚上 7 时左右，一辆辆巡查车才陆续回到站里。从清晨 6 时至晚间 7 时，路政人员连续 13 个小时马不停蹄地奋战，行程达到了 300 多千米。回到路政大厅，尽管十分疲惫，周坤和大家却非常开心，他们又赢得了一场抗雪保畅的胜利。

有上班时间　没下班时间

在京沪高速高邮市龙奔服务区，6 辆装载钢卷的重型卡车停在这里已经有 3 个多小时了。11 时 15 分，其中的 2 辆卡车启动，缓缓向南驶入京沪高速。“‘老 K’出发了！”守伏在附近的路政人员发出信号。20 分钟后，其余的 4 辆卡车也相继开出了服务区。

11 时 40 分，首批出发的 2 辆卡车从京沪高速高邮八桥出口驶入县道车樊线。这时，守候在这里的路政人员犹如从天而降，亮出证件要求车主接受超限检查。让这些车主始料未及的是，即使磨蹭了 3 个多小时，收到“黄牛”的“报平安”信息，仍然没有逃脱被查的结果。

这是一场比耐心、比智慧的战斗。“从这几辆超限车停在服务区那时起，我们就死死盯住了它们。”三垛路政中队队长刘长春得意地说道。“这些车是送货到湖西灯具厂的。为了应对它们，我们准备了一套完备的查超预案：3 个组分别在 3 条必经之路设伏，给他们来个瓮中捉鳖。”

果然，时隔不久，另外的 4 辆超限车分别在运河大桥和新民滩大桥桥头被截住了。然而事情并未就此划上句号，队员们又经过 3 个多小时苦口婆心、软磨硬泡式的劝说，才把这几辆车带到超限检测站检测，接着又进行了近 2 个小时的说法教育，才完成超限查处笔录。此时，晚间的高邮华灯齐放，早已过了下班的时间。“看来今天下班陪女儿吃火锅的承诺又要落空了”对此，刘长春十分内疚。

“有上班时间，没下班时间”是高邮“路哥”的常态。

5 天拆除一只灯箱

车轮滚滚，川流不息。巡查车在宽阔的 203 省道上行驶着，机动中队队长杨春荣猛然发现车逻段公路用地范围内出现了一个灯箱。该灯箱是车逻村的一户姓金的家庭设置的，她家在路边开了个小超市。

“大妈请您把灯箱拆掉，国家法律规定不允许在公路用地范围内设置灯箱。”杨春荣客气地说。“什么？拆灯箱，去年让你们修路，把老房子拆掉了，现在又要拆灯箱，没门！”金大妈怒气冲天地说道。一晃两三个小时过去了，任凭路政人员费尽口舌，金大妈就是不同意。

第二天一早，杨春荣又上门做工作，此时小超市里聚集了十几个人，杨春荣刚跨进门，他们都是金大妈的亲友，这群人就冲着他吵了起来。这一天，还是没有谈成。

第三天，杨春荣再次来到她家，大妈一家对他不理不睬。于是杨春荣去找村干部了解情况，村干部告诉他，金大妈家是困难户，她患心脏病已有多年，女儿又得了红斑狼疮，并影响到肾脏和肝脏，7 岁的外孙女上小学，全家就靠路边的小超市过日子。杨春荣十分同情大妈的境遇，但这灯箱又不能不拆。

第四天，杨春荣到了大妈家没有谈拆灯箱的事，只是帮这忙那的，时而与大妈的女儿聊一会儿红斑狼疮的治疗及饮食、生活上要注意些什么，时而辅导大妈的外孙女做寒假作业……第五天也同样如此。傍晚，大妈发话了：“老杨，明天你不要再来了，我知道了！”

当天晚上金大妈就找人悄悄地把灯箱拆除了，翌日上午，杨春荣巡查到这里时，金大妈小超市的灯箱不见了。

在经过 5 天耐心的劝导和帮助后，杨春荣用自己的实际行动感化了大妈，拆掉了灯箱。但杨春荣并没有感到轻松，让这件事就此划上句号，而是有了更多、更远的想法，他要与金大妈家结成帮扶对子，帮助大妈渡过这最困难的时期。

张文辉：心系群众 情洒路政

◉ 王晨晨

2010 年以来，张文辉参与巡查的公路里程达到了 20 多万千米；经办的各类涉路违法案件多达 1 000 余件；管辖范围内的超限车辆得到了有效遏制，所辖路段的路域环境在全市处于先进行列。

在车流滚滚的公路上，总是有这样的一个人，他任凭汗水浸透了衣衫，雨雪拍打着身体，带领着一群路政人员心存百姓呼声，忠

诚地履行着公路卫士的职责。他就是淮安市“十佳公路人”——张文辉。多年来，他把打造“畅安舒美”的路域环境作为第一追求、把服务于群众安全便捷的出行作为第一使命、把维护路产路权作为第一职责，被誉为公路的“守护神”和群众的贴心人。

狂风暴雨冲在前

2009 年 1 月 22 日正值腊月二十七，家家户户都在张灯结彩，沉浸在过年的喜庆之中。这天晚上，张文辉正在参加公路处的春节团拜会。晚饭刚开始，外面突然下起了大雪，张文辉立即放下手中的碗筷，带领队员上路巡查。这天夜里，淮安市普降大雪，城市、乡村到处都是白茫茫的一片，道路结冰、高速封闭、过往的车辆寸步难行，给众多准备过年回家的人带来了一道难题。但是，南来北往的人们却发现宁连路政大队负责的路段畅行无阻，而这正是路政人员用辛勤的劳动和无私的付出换来的。在这个风雪交加的夜晚，张文辉和队员们彻夜无眠，他们设置警示标志、抛洒融雪剂、清扫积雪、维持秩序，一直忙到了大年三十的下午，为的就是保障过往的群众能及时回家与亲人团聚，过个团圆年。

对于张文辉来说，处置险情就好比是一场战斗。2014 年 7 月 25 日，台风过境，淮安市境内狂风肆虐、暴雨倾盆。伴随着大风，宁连公路沿线的 60 多棵大树倒伏在路上，致使车辆积聚、交通受阻，严重影响了行车安全。面对滂沱大雨、电闪雷鸣，张文辉立即启动了公路突发事件应急处置预案，带领队员们在第一时间赶赴现场。狂风暴雨中，大家用手抬、用肩扛，用锯割，经过近

3 个小时的连续奋战，终于将倒伏在路上的树木清理完毕，汗水夹杂着雨水，大家早已满身泥泞，但是当看到眼前安全畅通的公路时，他们开心地露出了笑容。

心系群众显柔情

面对危险，他冲在最前，保障平安；面对群众，他铁汉柔情、用情用心。2014 年 6 月 28 日上午 11 时，一辆货车由于车速太快、导致转向时失控，车辆侧翻在路上，货物散落一地，身单力薄的车主万师傅心急如焚，幸好在路人的提醒下，他拨通了交通求助热线。接到求助，张文辉立即带领队员赶到事发现场，他们一边设置警示标志、疏导交通，一边帮助司机收拾散落一地的货物。当一切处置妥当时已临近中午，张文辉热情地邀请万师傅到大队食堂一同吃午饭，在饭桌上，万师傅感慨的说："我走南闯北这么多年，从来没有享受过这样的待遇，但是今天，我感到非常温暖，谢谢，真的很感谢你们！"

把群众当作亲人是张文辉的座右铭，在与违法超限行为做斗争的过程中，他更是尽显铮铮铁骨，勇敢无畏。在一次治超行动中，一辆恶意的超限运输车暴力闯卡，当张文辉示意该车接受检查时，货车司机关上车门，拒不配合检查。随后，一辆轿车停到张文辉的面前，两名戴着墨镜，剃着光头，满身纹身的社会青年未下车就破口大骂，威胁恐吓："谁动我的车，老子要了他的命"，说着拿出了长长的木棍。张文辉和队友们不为所迫，在交警部门的协助下，坚决查处了该车，当事人受到了法律的严肃处理。

舍身取义动人心

荣誉的背后是责任，更是奉献。张文辉在2009年年底调到宁连大队任职时，恰逢孩子高考，老父亲瘫痪在床，而这时又遇上老母亲生病住进了医院，面对家庭的重重困难，他没有向组织提出过任何要求，默默地把困难一个人扛在了肩上。陪陪家人，对于我们来说是再为平常不过的事情，但对于张文辉来说却成了最大的奢望。每每谈到家人，这个经历了风吹、日晒、雨淋，脸上刻满岁月年轮的坚毅汉子总是满怀着内疚和歉意，让人心头一热。

其实，在张文辉身上还有很多像这样的点点滴滴的故事，尽管这些故事看似普普通通，但却是他在工作和生活中最真实的写照。2010年以来，张文辉参与巡查的公路里程达到了20多万千米；经办的各类涉路违法案件多达1 000余件；管辖范围内的超限车辆得到了有效遏制，所辖路段的路域环境在全市处于先进行列。宁连路政大队被授予“全市群众满意执法大队”，多次被淮安市公路处评为“先进集体”；张文辉多次被评为“全市公路工作先进个人”“优秀共产党员”，2014年被评为“全市十佳公路人”。

这就是张文辉，一名普通的公路工作者，他在点滴的平凡中践行着“三严三实”，在92千米长的道路上谱写着一曲忠于党、忠于人民的公路之歌。

蔡晓斌：养护创新排头“斌”

◉ 王晨晨

通了道路，添了皱纹。面对荣誉，他从不忘身上的责任和使命，深知路的尽头还有路，前方任重而道远……

他是日夜兼程的公路建设的耕耘者，是勤于钻研的技术创新的开拓者，是兢兢业业的养护岗位的坚守者，他就是淮安市公路养护战线的领头人——蔡晓斌。

自 2007 年 4 月起担任淮安市公路处养护管理科科长和自 2012

年年底起分管淮安市国省干线公路的养护工作以来，蔡晓斌同志先后组织实施全市国、省干线公路养护大中修工程项目 23 项、总里程 221 千米，实施危桥改造工程项目 10 个，保质保量地完成了建设任务。2010 年 2 月起，他担任淮金公路灌溉总渠以南段 49.3 千米一级公路工程的总监理工程师，负责工程建设的管理工作。工程开工以来，无论是严寒酷暑还是风霜雨雪，他始终都坚守在施工一线。他带领和团结总监办全体同志，不畏艰苦、夜以继日地奋战，长期吃住在工地，加班加点，严格监理，克服了技术、融资、征地拆迁等诸多困难，最终顺利地完成了建设任务。该工程也以优良的质量被江苏省交通运输厅评定为 2013 年度“江苏省交通建设优质工程”项目，他主持的另一个项目——淮河入江水道特大桥工程更是荣获 2014 年江苏省建筑工程的最高奖项“扬子杯”奖。

钻研技术　创新推广

每逢夜幕降临，在办公楼的一排排窗户中，只有他的那一扇是明亮的。透过半掩的窗帘，总能看到一个并不高大的身影端坐在办公桌前，放在他面前的有时是一张张临时修改的养护规划设计图、有时是一沓沓新技术开发的研究材料……他在 2009 年至 2010 年间组织开展了干线公路小修保养策略与施工规程的研究工作，在这两年期间，他翻阅了无数资料，进行了多项研究，组织技术骨干多次举办研讨会，终于编制完成了《江苏省干线公路小修保养策略与施工规程研究》，并达到了国内领先水平，在全省公路系统中得到了推广运用，他因此荣获了 2010 年淮安市科技进步二等奖。他在 2014 年组织的科研项目——“厂拌热再生沥青混合料深入研究与推广应用”顺利地通过了江苏省交通运输厅组织的验收，为厂拌热再生技术的推广做出了突出的贡献。此外，他还积极引进推广 Superpave 高性能沥青混凝土面层、橡胶沥青混凝土、沥青路面厂拌热再生与就地热再生、老路基层与面层全深层冷再生等多项新技术、新工艺、新材料和新设备，显著提高了全市干线公路工程养护工作的质量。

零扣分　零缺陷　零批评

蔡晓斌在工作中坚持理论与实践相结合，引导养护企业加大对养护机械的投入力度，为实现“十二五”公路养护机械化大发展奠定基础。在他的主持下，全市养护应急处置体系建设基本完成，建成了 1 个市级应急处置中心和 6 个县区级应急基地，完成了中心城区和 3 个县区基地养护机械的标准化配备。在 2010 年至 2011 年上半年迎接交通运输部“十一五”国检期间，他围绕“零扣分、零缺陷、零批评”的目标，以积极主动的精神和热情，认真组织各项工作有条不紊地开展，保证了淮安市的受检路段以优良的路容路貌顺利通过国检，为全省迎检夺冠做出了积极的贡献。

蔡晓斌同志自参加工作以来，一直奋战在公路工程的建设与养护一线，取得了显著的工作业绩，受到了各界的充分肯定。他先后被评为全国交通系统青年岗位能手和淮安市劳动模范，入选江苏省交通行业“100 人才工程”和淮安市“最美交通人”。面对荣誉，他从不忘却肩上担负的责任和使命，深知路的尽头还有路，明白自己任重而道远。

多年来，蔡晓斌同志始终将公路养护工作放在心上，实现着一个公路人的崇高价值。他深信：前方，是他必将奔赴的使命；身后，是让他骄傲的万里大道。

罗衍庆：后勤线上的“服务员”

◉ 崔瑞

他亲自上阵，扛砂石，抬泥土，仅用不到2个月的时间，就彻底打通了村里的经济命脉。

在繁忙的交通战线上，有这样一个人，他没有位于大交通建设的前沿、却同样承担着建设大交通的重任；他没有惊天动地的壮举，却同样有着令人侧目的点滴；他扎根后勤、立足服务，用实际行动

践行着“三严三实”，被亲切地称为后勤线上的“服务员”，他就是淮安市公路处办公室主任罗衍庆。

8 年撰写 300 多万字

办公室是联系领导与基层的桥梁，是保障日常工作正常运转的中枢。因此，办公室主任所承担的工作即重要又繁忙，从政令的上传下达到文稿的起草核发，事务庞杂，工作琐碎，熬夜加班更是家常便饭。而罗衍庆在这个平凡的岗位上一干就是 8 年多。在这 8 年中，他仅撰写的文字材料就达 300 多万字，组织各类会议将近 400 次。他严谨的工作态度、务实的工作作风，得到了各方的充分肯定，多次被评为市优秀共产党员、“新长征突击手”、全市交通工作先进个人。他主稿的两个项目分别荣获全市创新创优一等奖和二等奖。

迎接全国干线公路养护管理大检查是公路处工作的重中之重。在“十一五”迎国检期间，他承担了牵头协调、后勤保障及材料起草等十多项工作。为优质高效地推进迎检工作，他几乎没有一个休息日，全部精力都放在了工作上。白天，他在办公室处理各种各样的事务；晚上，他加班加点地写材料；即使在夜里，在公路处的二楼也时常有一盏亮着的灯，他有时候一忙就是一整夜。

长时间的伏案工作使他年纪轻轻便患上了严重的颈椎病，需要在电脑下垫着厚厚的书才能正常工作；经常的加班加点，痔疮也不时的向他发难，每次发作，他都坐立难安，钻心的疼，领导劝他说：“罗主任，工作的事先放放，去看看医生吧”，可是想到手里还有材料没有处理完，他坚定地说：“没事，吃点药就好了。”有时候疼起来实在难以忍受，他就来到附近的小诊所，医生看了后摇着头说："都这么严重了，到现在才来，要好好调养休息。"罗衍庆只是笑了笑，第二天晚上，那盏熟悉的灯又准时亮了起来。

亲自上阵　修通村路

罗衍庆生在农村、长在农家，对农民有着一份特殊的感情，为老百姓做些事，一直是他最大的心愿。2014 年 3 月，他被安排到五里镇老郑村挂职。刚到村里的第一天碰巧下着大雨，泥泞不堪的道路坑坑洼洼，行人和车辆举步维艰，这也让他见证了村里道路的破败和村民出行的艰难，在当地流传着这样一句话："宁绕十里路，不走老郑路"。落后的交通环境严重地制约着当地的生产生活和经济发展，修路成了村民最迫切的愿望。罗衍庆在经过详细的调研后，多次向后方领导汇报，反复与相关部门沟通，积极争取建设计划和资金，经过多方协调，工程在 2014 年 4 月顺利开工。为了确保工程能够顺利进行，在人手不够的时候，他就亲自上阵，扛砂石，抬泥土，无论是炎炎烈日，还是刮风下雨，都没有让他有半点儿的犹豫和退缩，在大家齐心协力的努力下，仅用不到 2 个月的时间，就彻底打通了村里的经济命脉。随着这条路的建成，一大批有能力的企业和个人争相到村里投资发展，年出栏 2 万头猪的规模化养殖场、500 亩的中草药种植基地……一个个绿色项目顺利地落地生根，当年就为村里增加了 20 多万元的收入，100 多位村民实现了家门口就业。在扶贫工作考评中，淮阴区工作队名列全市第一，帮扶工作得到了市委主要领导的充分肯定，罗衍庆被评为实施"脱贫奔小康工程”先进个人。

把群众的事放在心上

“罗书记就是我们的亲人”，老郑村一位姓顾的老大爷时常充满感激地说道，由于顾大爷和儿子身体常年不好，家里的生活重担全压在了儿媳妇和孙子的肩上。2014 年 7 月，孙子在干活时不慎摔伤了胳膊，这让他们本就困难的生活雪上加霜。罗衍庆得知这一情况后在第一时间就联系了老顾一家，与他们结成了帮扶对子、认了亲戚，不仅帮助他们解决了低保；还多次给他们送去慰问金及米面油盐等生活必需品；他还自掏腰包，买了几十只蛋鹅，帮助他们寻找发家致富的新路子。他的这些举动深深地温暖了老顾一家人的心，在 2015 年市电视台“共话淮安”节目的录制现场，淳朴的老顾动情地说道：“罗主任让我们全家的生活有了奔头，他真是我们的贴心人呐，我们全家真心的感谢他”。

罗衍庆把责任扛在肩上，把群众装在心里，在平凡的岗位上谱写了一曲爱岗敬业、为民服务的公路之歌。

刘二伟：挖掘人生

◉ 蒋克俭

8月，正值雨季，一天凌晨0点40分，大家都还在熟睡时，他从梦中醒来，喊醒了工地上值班的几位工友，一起将所有工具、设备安全地转移。

刘二伟，一位不到30岁的小伙子，凭借着对岗位技能的执着追求和一股拼劲，先后4次夺得全国挖掘机操作技能竞赛的桂冠。

2009年，他来到连云港市赣榆区交通工程公司，开始从事既艰苦又枯燥的挖掘机操作工作。从那时起，他就把不足两米宽的驾驶室当作施展自己抱负的舞台，在全市、省和国家级筑路机械操作技能竞赛中，一次次超越自我，一步步走向巅峰。

干一行，就要钻一行、精一行

刘二伟在进入交通工程公司工作前曾做过5年的个体挖掘机操作工。在进入国有企业后，他更加重视这一工作技能的提高，在日常的工作中，他认真仔细地操作着机械，在业余时间，他潜心钻研各种挖掘机的操作方法及设备性能，研究和掌握各型挖掘机的维修和保养方法。在操作上，他并不满足于一般的工作要求，而是不断挑战自我，练就了一手过硬的操作技能。特别是在2009年，他先后参加了全市、省和交通运输部举办的筑养路机械操作技能大赛，分别获得了个人挖掘机操作项目第二名、第四名和第一名的好成绩，一个个荣誉更加激发了他对于学习的热情。他还根据自己多年来从事挖掘机操作工作所积累的经验，总结出一套简单明了、易于掌握的“三勤四准五稳”的挖掘机操作方法，不仅具有节能、安全和高效的优点，而且还能有效减少机械故障和磨损。多年来，他在单车核算土方量、施工效率和油耗等指标上遥遥领先于同行。

哪里有需要，他就出现在哪里

2009年，在204国道赣榆段路基施工中，作为该项目工地上的一名主力挖掘机操作员，刘二伟常常每天工作达12个小时以上。

他除了要操作挖掘机外，还要驾驶装载机等大型机械，哪里有需要，他就出现在哪里。8月，正值雨季，一天凌晨0点40分，大家都还在熟睡时，他从梦中醒来，看到外面水位骤增，水流湍急。如果这样下去，工地上的工具、钻机等都将会被大水冲走，公司的财产将遭受很大的损失。作为一名员工，本可以不用管这样的事，但他还是喊醒了工地上值班的几位工友，和他们一起把工地上靠近河边的工具往岸上转移，将钻机等往高处搬。这时又刮起了一阵大风，雨下得更大了，豆大的雨点打在脸上非常的痛，脚下的泥泞更是给财产的转移增添了新的困难。但此刻他在心中只有一个念头，那就是尽快把公司的财产转移到安全的地方。经过他与工友们奋不顾身地抢险，终于将所有工具和设备安全地转移。

沉着应赛，彰显扎实功底

由于工作上的突出表现，在2009年首届全国交通运输行业“厦工杯”筑养路机械操作手技能竞赛中，刘二伟顺利地通过了预赛，进入决赛。这次决赛的竞争异常激烈，在挖掘机操作比赛中出现了11位选手同时获得满分的情况。刘二伟最后一个出场，在进行垒铁块项目操作时，他不小心将事先摆放在地上的几个铁块碰倒了，正当在场人员都为他感到惋惜之际，只见这时的刘二伟操纵着挖掘机，像电影《变形金刚》中的擎天柱一样轻轻地伸出“指头”，顺利地将铁块依次垒起来。他的神奇表现震憾了所有的在场人员。中交视讯的摄像师梁超告诉记者，拍摄时他紧张得都不敢用力喘气。竞赛评判委员会主任周以德也由衷地赞叹说：“这是高手中的高手。”

最终刘二伟不负众望，勇夺挖掘机操作单项个人第一名和挖掘机组第一名。

在这之后，刘二伟又参加了2010年国家安全生产监督管理总局主办的首届全国安全生产应急救援技能大赛，获得了优胜奖。2014年，刘二伟在第六届全国交通运输行业“厦工杯”筑路机械操作工技能竞赛中再次获得第一名。2015年4月，在由人力资源与社会保障部、中央电视台和交通运输部共同举办的《中国大能手》大型职业技能竞技真人秀比赛中，刘二伟一举夺得金刚机械王第一名。近年来，刘二伟先后被评为连云港市首届首席员工及“2012年度享受连云港市政府特殊津贴人员”，在2013年荣获江苏省和连云港市“五一劳动奖章”。

“是岗位成就了我的梦想”

许多施工单位看中了他的技能和名气，纷纷出高薪聘请刘二伟，但都被他婉言谢绝了。刘二伟说：“是公司给了我成长的机会，我热爱这份工作，公司里像我这样的同事还有很多，我愿和他们一起努力去实现梦想。”

刘二伟就是这样一个人，他总是平静地面对荣誉，忠诚地坚守在岗位上，为公司和连云港的公路事业奉献着自己的青春和才能。为了更好地发挥团队的作用，近年来，刘二伟所在的公司成立了“刘二伟首席技师工作室”，以充分发挥他的典型引领和示范作用。刘二伟充分利用这一平台和阵地，带领工作室人员利用业余时间探讨施工技巧和传授操作技能，先后为公司培养出10余名市、县级机械操作技术能手。

近几年来，刘二伟还带领团队先后参加了 242 省道、204 国道、临海高等级公路、海滨大道等多项交通重点工程的建设，充分发挥了他的技能特长和敬业精神，克服了软基抛填和沿海淤泥施工等诸多困难，出色地完成了工程建设任务。

任同昌：沥青烟熏处 “发明”花绽放

◉ 刘静 王成坤

为了不花一分钱，制作原料全部是废弃材料再利用，手工打磨切割，他的双手不知道被刺伤了多少道口子。

冬季的下午不到六时天色已暗，路灯渐次亮起，灯光下，东海县公路站 53 岁的养路工任同昌和 16 位工友还在路上忙活着。

一幅黝黑的脸庞，一双粗糙的大手，一身橙衣，除了有着养路工的共同特点外，任同昌还有着自己的“绝活儿”——他的“四大发明”被广泛地应用在连云港市的公路养护中，每年为单位节省养护费用近百万元；他还拥有以自己名字命名的“任同昌工作室”，十余项实用发明在这里诞生；他从一名普通的养路工成长为公路养护机械的“发明家”。

创新发明　节约费用近 30 万元

2014 年 12 月 23 日，在全国公路系统党委书记座谈会上，来自江苏省连云港市东海县的养路工任同昌向来自全国各地的公路同行介绍了他的发明创造成果。任同昌是 2013 年交通运输部评选出的“十大最美养路工”之一，交通运输部党组书记、部长杨传堂称赞他是“富有创新精神的知识型养路工代表”。

1982 年，20 岁出头的任同昌继承父志当上了一名乡村道路的养路工。与其他的养路工不同，这个有着高中文化的小伙子遇事总爱琢磨。例如，传统的沥青补路作业需要在沥青厂提前将沥青炒好，然后用拖车运到现场路面，不仅费时费力，沥青还常常因为冷却无法使用，造成浪费。在人工炒制沥青石料时，工人也常常被大铁锅里面的热油烫伤。想到设备问题关系着工程质量和人员安全，于是他下定决心，一定要解决这些问题。为此，任同昌开始把目光聚焦在养护机械的创新与研发上。

任同昌的第一个被广泛应用的发明是移动式沥青炒盘机，该设备在一台手扶拖拉机的基础上改装而成，拖拉机的货斗被设计成安装有炒制沥青的方形铁盘及加热设备的拖车，尽管这一设备的外貌并不起眼，但却是一个可移动的炒拌“车间”。补路时，只要将这一设备拉到现场，根据路面的破损程度按需炒制沥青，趁热现场修补，具有机动、轻巧和节能等优点，彻底解决了传统的沥青补路作业中存在的费时、费力和费料等问题。仅这一项发明每年就可以为单位节约养护费用近 30 万元。

变废为宝　再生利用

任同昌用心观察道路修补作业中的每个细节，用小本子记录存在的问题，然后开始思考改进措施或研制新的机械。每当他有了好的想法时，就和其他工人师傅们一起制作，再拿到现场试用，哪个地方不好用，回去接着改，直到大家觉得满意为止。导热油锅、道路灌缝机、撒料机……一件件构思巧妙、轻巧实用的养护机械应运而生。

他发明的导热油锅形似一口普通的大铁锅，下面是生火的炉灶。但这口锅被设计成双层结构，中间密封起来填注有导热油。双层铁锅通过中间导热油的热量传递可以使沥青受热更加均匀，温度高低也可以得到控制，从而使传统的“人工烧油”容易着火、烤焦的问题一下子得到了解决，而且最重要的一点是还降低了以往“人工烧油”产生的废气对工人身体造成的危害。

撒料机是在播种机的基础上改造而成，原先盛放种子的箱体在改造后用来盛放石子、石料。用这一设备来抛撒石料，不仅准确，而且均匀，操作也很方便，克服了以往手工或铁锹大面积抛撒砂石料等传统方法存在的既不均匀，又易造成材料浪费及污染路面等缺陷。

任同昌在发明、制作各种养护机械的过程中，善于节约材料，变废为宝。他发明的移动式沥青炒盘机的车轮来自于报废的清扫车，烟囱用的是旧不锈钢皮，连固定用的钢筋铁柱都是由旧机动车尾部的保险杠改造而成。和炒盘并称“四大发明”的道路灌缝机、撒料机和导热油锅，全部是由废旧器具重新组装而来，工友们爱不释手。

任同昌发明的每一种养护机械几乎都具有环保节约的共同点。移动式沥青炒盘机可以利用现场清理出来的沥青废料进行拌和，实现了资源的再生利用，节省了运费和用料。导热油锅利用液化气的燃烧加热，并配有自动阀门及时调整油量，既安全又环保，大大改善了养路工人的劳动条件和工作环境。

十几平方米的创新天地

任同昌的工作车间是一间仅有十几平方米的平房，昏暗的照明灯光，斑驳的墙壁，不算宽裕的空间里堆满了用来发明制作的钢铁废料。他就是在这样简陋和艰苦的条件下，常年累月地坐在一个小板凳上，用双手敲打出了一个一个实用的工具和设备。

在搭档老钱眼里，除了白天在路上从事养护作业外，任同昌的业余时间基本都待在他的“工作室”，围着各种设备画图纸、拆装机械，天黑了也不回家。任同昌发明的每一台机械设备，都是这样一件件地“磨”出来的。为了不花一分钱，制作原料全部来源 于废弃材料的再利用，制作加工也全部依靠手工打磨切割，为此他的双手不知道被刺伤了多少道口子。

已经53岁的任同昌在脑海中仍有很多尚未实现的发明和设计，桥梁伸缩缝清扫机、小型摊铺机等机械设备的研制计划已排在他的工作计划中。“最近，我们刚研制出来一款多功能的‘桥梁刷白机’，能够节约近2/3的时间，而且刷白效果均匀美观。同时，还可以一机多用，能够在施工中进行乳化沥青的喷洒。我打算申请一些专利，让全国的养路工都能用上我发明的养护机械！”对未来，任同昌充满了自信。

刘亚兵：做一个“最美公路人”

◉ 贺建东

治超工作中，他被谩骂过，被威胁过；他乘坐的执法车也被撞坏过，被围攻过；但他始终坚持依法治路，保护了群众的出行安全，超限检测站也被评为灌南县文明单位。

一双炯炯有神的眼睛，一身大义凛然的正气，一位爱岗敬业的公路人，他就是全省交通行业模范共产党员，灌南县超限检测站站长刘亚兵。

刘亚兵自 18 岁从镇江交校毕业分配到灌南县公路管理站工作至今已经 24 年了。他从秦庄养护工区一名普通的养路工干起，历任工区副主任、路政员、路政中队长、副大队长、超限检测站站长，直到今天都一直奔波在公路养护和路政管理的基层第一线。24 年来，他从一名学生变成了一名优秀的共产党员，一年三百六十五天，他总是奋战在路上，路也总是在他的心上。

留在公路最需要的地方

在 20 世纪 90 年代，公路行业的工作条件还十分艰苦和落后，和刘亚兵一起参加工作的年轻人都耐不住条件的艰苦，纷纷找关系调整岗位或是往机关里跳，而刘亚兵却说："公路连接千万家，公路一线最需要人，我要干一行爱一行。"他是这样说的，也是这样做的，白天他和同事们一起保养路面、修剪绿化、整治边坡、修补病害，虚心向老同志们学习、晚上，他找来《公路养护应知应会》刻苦钻研，努力提高自己的业务知识水平。在工作中，他还主动帮助工区做好内业台账，核算各项物资的金额、数量。看到路上发生损坏路产路权的案件，他也积极协助调查处理。凭借着这样踏实的态度和刻苦的精神刘亚兵很快就成长为一名业务精湛的合格养路工。

在 2000 年，公路站成立了路政大队，刘亚兵凭借扎实的业务能力和优异的工作表现，第一批就通过了考试，成为一名路政员，他的工作也因此更加忙碌。在白天，他巡查公路，处理案件，制作文书；在晚上，他还要参加养路费稽查工作。他说："我年轻，多工作一些是应该的，这是让我锻炼的好机会。"为了提高路政管理水平，他总是随身携带一本与公路相关的政策法规，一有空就学一点；并且还利用业余时间进行充电，参加了全国成人高考和自学考试，先后拿到了法律专业的大专和本科文凭。

遵纪守法　秉公护路

有一次，刘亚兵的一位亲戚想在236省道边上盖间房子做木材收购加工生意，买好并运来了建筑材料，雇佣的工人开始整理场地、打基础。刘亚兵得知后，在第一时间便到达现场，责令施工人员立即停工，气得亲戚当场就对他发了火，要和他断绝关系。他耐心地拿出公路法规，指出公路红线的位置，讲解靠近公路的危险。经过三四次的登门做工作，他终于说服了亲戚，有力地维护了公路的路产路权和道路交通的安全畅通。

还有一次，他在下班回乡下老家的途中发现一辆外地大货车因开小差撞倒了路边的三棵行道树。当时天色已晚，大货车司机见无人受伤便想趁机开车溜走，刘亚兵见状连忙打电话报告单位，并上前拦下司机，要司机留下等待路政执法人员前来处理。司机见他只有一个人，便拿出500元钱企图贿赂他。但他义正辞言地说："保护公路是我的责任，损坏了公物要赔偿也是你的义务。"司机见软的不行又来硬的，拿着铁棍想吓唬他，但刘亚兵却没有丝毫的胆怯，依然继续劝说司机遵纪守法。

在路政管理工作中，集镇段整治是一项比较艰难的任务，有一段时间，常有司机反映236省道灌南县孟兴庄段容易堵车，在得知这一情况后，刘亚兵主动请缨，先后十多次亲自去镇政府寻求合作，请求当地政府给予支持，安排市场管理人员进行长效管理，筹集资金进行集镇段环境整治，铺设辅路。在此基础上，刘亚兵又带领路政员到集镇段挨家挨户地进行法规宣传，用了将近一个月的时间上门对三百多商户做思想工作，争取群众的理解与配合。他和队员们不计辛劳，一次不行就两次，两次不行就三次，用他们的真心诚意和耐心终于使商户从抵触到理解，再到配合，最后成功地在集镇段公路两侧安装了护栏，实现了“机非分离”，解决了这个老大难问题。如今，孟兴庄段公路上的过往车辆再也不怕堵车了。

事事作表率　处处做榜样

2010 年，灌南县成立了超限检测站，但由于各种复杂的原因，灌南县境内的违法超限运输活动十分猖獗，在这样的严峻形势下，刘亚兵临危受命，出任超限检测站站长。他以身作则起到了良好的表率作用，亲自带队进行作风整治和超限整治，经常吃住在治超一线，曾经连续在高速路出入口、开发区、造船厂、钢铁厂等重点路段严防死守 40 天，与超限车队、黄牛党斗智斗勇。有一次，他带领 3 个中队的同志在凌晨一点多钟的时候，堵住了 33 辆严重超限的运输车辆。

在治超工作中，他被谩骂过，被威胁过；他乘坐的执法车也被撞坏过、被围攻过，但他始终坚持依法治路、规范执法，与公安、运管部门联合，对超限运输车辆进行严厉打击，在短期内就扭转了灌南县治超落后的不利局面，保护了路桥平安和群众的出行安全，超限检测站也被评为灌南县文明单位。

他的故事虽然平凡，但是组织和群众看在眼里，记在心中，单位和上级机关多次对他进行了表彰，群众也纷纷给予他夸奖和称赞。2015 年 8 月，灌南县电视台专门采访了他，为他录制了专题节目，播放了他的事迹，名字就叫《最美公路人》。

吴崇江：人在路上 路在心上

◉ 李建

在吴崇江的眼里，从来没有双休日和节假日的概念。他说，习惯了每天忙碌的生活，也不再奢求假期。工友们说，路就像吴崇江的家，他的心永远在路上。

2015 年 3 月 27 日，来自宿迁市华通工程有限公司的养路工吴崇江走上了宿迁市首届“最美交通人”的颁奖台，成为全市养路系统

中唯一的代表。在很多人眼里，养路工不过是一个再平凡不过的工作，而吴崇江却在这个平凡的岗位上做出了不平凡的业绩，他把路当成自己脸上的肌肤一样去用心呵护，并且这一干就是35年。

扛锹修路，曾被乡邻嘲笑

在吴崇江14岁时，家里所在的晓店乡嶂山村突然遭遇了一场洪水，大水淹没了这个原本就十分贫困的家。灾难和饥饿并没有令他沮丧，年少的吴崇江暗自下定决心——要用一辈子，把自己的日子过好。

初中毕业后，吴崇江回到家里帮助父母挣工分。因工作出色，勤奋、踏实的吴崇江在不久后被县公路站领导看中，成为了一名养路工。那时的公路大多为砂石路，等级低，养护工具无非是铁锹和扫帚，在很大程度上需要依靠人力来完成。吴崇江负责清扫宿新路井头至嶂山间两千米长的路段。每天收工，他扛起铁锹回家的身影常常被村里的几个年轻人戏称为“猪八戒来了”。

刚踏上公路养护工作岗位的吴崇江没有养护经验，他便自学养护知识，虚心向年长的工友请教，干起活来从不惜力。通过自己的努力和经验的累积，没过多久，吴崇江就从一个没有经验的新手成长为一个业务熟练、技能全面的养路工。吴崇江养护过的路段，路面整洁、平顺，多次被评为“样板段”，大伙称赞他“养过的路不会坏，走起路比车快”。

农村分田到户后，吴崇江家里分到了五六亩地。于是，刚下班放下铁锹的吴崇江，回到家又拿起了锄头下地。那时候的生活对于吴崇江来说，无疑是异常艰辛的，但他始终没有放弃对未来的希望，以苦为乐，忘我地投入到工作和农活中。等到经济条件有所改善后，吴崇江买了一辆自行车用于上下班，把节省出的时间用在照顾家人和田地上。

由于吴崇江做事踏实本分、爱动脑筋，领导对他十分信任。几年前，公司已让他领导路面施工队的工作，带领十多名工友负责道路的小修和坑塘修补作业。如今，人拉肩扛的时代已经过去，施工队的工作条件得到了大幅改善，不仅修路用上了铣刨机、摊铺机、装载机和压路机，公司还为施工队购置了一台皮卡车，工友们上下班更方便了。

近年来，随着公路的拓宽，车也跟着多了起来，施工队负责维修的里程也在逐年增多，劳动量与日俱增。据不完全统计，包括县乡道路在内，路面施工队如今负责管养的道路达 352 千米。

家庭变故，依然默默坚守

正当吴崇江对未来的生活充满了无限向往之时，不幸的事情发生了，医院查出他的妻子患有重病。吴崇江为了给妻子看病，不仅花光了家里的积蓄，还借了一大笔外债。尽管他想尽了一切办法挽救妻子的生命，然而妻子最终还是离开了他和三个孩子。

一贫如洗、支离破碎的家，让吴崇江的大女儿和二女儿不得不辍学回家，帮衬家务。在吴崇江最为艰难的时候，公司和工友们纷纷向他伸出了援手，用爱心和关怀帮助他挺过难关，让他重新振作起来。吴崇江怀着深深的感激，决心要用加倍的努力投入到养护工作中，用出色的成绩回报组织的关怀。

2015 年 10 月，公司所负责的干线公路养护工作迎来了全国大检查。为了迎“国检”，从 3 月起，路面施工队便进入了一年中最为忙碌的阶段。在施工过程中，行人和工友的安全是吴崇江考虑最多的事。在以往，安全桩通常从市场购买，不仅易耗废，成本也不少。为此，吴崇江找来一些与扫帚柄粗细相同的木棍，首先截成相同的长度，然后再刷上反光漆，自己动手制作安全桩。一根自制的安全桩成本不过 5 角钱，一年下来能为公司节省上万元。“别看吴崇江年纪大，干什么工作他都是抢在前面，不管布置什么样的任务，他总能出色地完成。粗略计算，去年一年里，路面施工队完成产值近一个亿！”工友们满怀感慨和敬佩地说道。

身体有恙，依旧尽职尽责

每年的夏季是路面作业最难熬的时候，但高温恰恰又是路面修补的绝佳时机。沥青料在出锅时的温度高达 175 度，即使运到现场也下降不了多少。高温加上沥青的炙烤，任何人都难以忍受。在施工队里，不少工友曾因高温中暑而住院，一些工友也时常被沥青烫出水泡，走路一瘸一拐。为此，吴崇江常常劝说工友们回家休息，而自己却默默地接替别人完成，剩下的工作。

由于迎检在即，吴崇江在那段时间里每天早出晚归，一到工地，他便召集大伙，布置一天的工作并交代注意事项，提出工作要求。在吴崇江心里，虽然迎检时间紧、任务重，但工作质量不能因此降低，必须把公司交待的事情办好。

由于常年劳作，吴崇江的身体大不如前。几年前，他做了一次大手术，摘除了脾脏，免疫力也跟着下降，吴崇江渐渐感到力不从心。儿子吴帅曾劝说父亲别再干了，但吴崇江没有应允。这么多年来，面对大大小小的苦难，吴崇江不但没有退缩，反而在一线越战越勇。

让吴崇江没有想到的是，在他即将退休之际，他被公司推荐并被评为宿迁市首届“最美交通人”，这让他心里乐开了花。当被问起退休之后的安排时，吴崇江说自己还没有时间考虑这个事。他说，只要在岗一天，就必须把工作干好。因为路就是一个人的脸，养不好路，就是丢自己的脸。

李智：心系民生写春秋

◉李建 张守高

历经考验终不悔，心系民生写春秋。李智用青春践行着人生誓言，用行动谱写了炫丽篇章，成长为宿迁市公路战线的一个标杆。

2015年3月27日，在宿迁市首届“最美交通人”颁奖晚会现场，泗阳县公路站站长李智获得了“最美交通人”的荣誉，在活动组委

会给予他的颁奖词中写道："对每一项工作都追求完美的人，注定也会给自己树起一个完美的形象，群众的敬意，是最好的勋章。"

恪尽职守，铸造"精品之路"

2000 年 7 月，从扬州大学毕业的李智来到泗阳县公路站，成为了一名工程技术人员。在这十几年的工作中，李智先后参加了多项市、县重点交通工程的建设，包括泗阳县淮沭河庄圩大桥、刘三公路等。由于干劲足、成绩出色，李智获得了组织的信任，先后担任县公路站考核监理股股长和副站长等职务。31 岁那年，他被组织委以重任，肩负起了一站之长的重任。

2012 年以来，泗阳县公路站先后承担了京杭运河泗阳闸桥及接线改造工程、325 省道泗阳Ⅰ标段工程、上海路北延工程和成子河公路工程的建设任务，累计总投资达十多亿元。这些项目都是关系百姓出行、改善城市形象的民生工程，时间上不能耽搁，质量上更是不能松懈。

其中，京杭运河闸桥及接线改造工程是全省路网连接线的重点工程，共拆除沿线 10 座老桥，建设 5 座新桥。325 省道泗阳Ⅰ标段工程是全市干线公路建设体制调整后交付地方建设的第一条重点公路工程，是泗阳县东西交通的大动脉、城区发展的新外环。成子河公路工程是策应全省加快"六大扶贫片区"之一的成子湖片区发展的民心路，将成子湖片区直接纳入县城 15 分钟经济圈中，可带动片区 15 万人的脱贫致富。

在工期紧、任务重、要求高的形势下，李智没有畏惧和退缩，每天都坚持在施工一线指挥，常常一天只睡四五个小时。遇到工程节点或技术难点时，他更是夜以继日、通宵达旦地进行攻关和奋战。李智对工程质量予以高度重视，他经常利用中午和傍晚下班的时间来到工地，突击检查工程的质量和安全，如果发现存在问题，责令必须无条件整改，从而有效地保障了工程的质量。

工程专业出身的他，创建并试行了“日志式”工程管理机制，以此来严格控制重点环节及关键节点，把好材料准入、施工规范、工程试验和安全管理四道关口，一举创造了工程合格率和优良率均达到 100% 的突出成绩。

管养并重，打造“平安之路”

历经十多年的大规模建设，泗阳县的公路系统基本上完成了升级改造，路网日趋完善。但如今群众的出行已不仅仅满足于“有路可走”的阶段，而是对路面的平整度、舒适度和安全性提出了更高的要求。为了顺应并满足广大群众的期盼和需求，李智把提升公路的通行品质放在了基层公路工作的突出位置，营造更优美、更舒适的公路交通环境成为他努力的重点。

为了提升道路养护的机械化水平，李智积极向上级争取和筹措资金，先后投入 200 余万元购置了道路清扫车、道路洗扫车、路面洒水车和沥青洒布车等现代化设备。李智将这些机械投放到泗阳县公路的日常养护中，不仅有效地降低了一线养路职工的劳动强度，而且极大地提高了公路的养护效率。

在集镇段道路整治工作中，李智通过联合有关部门，深化与乡镇的合作，定期开展通行环境综合整治，推动了路域环境治理由突击整治向常态管理的转变，由部门行为向政府行为的转变。在全省对干线公路的历次检查中，泗阳县公路系统多年来位居前列，325省道辖区段更是连续三年实现了零扣分。

助民解难，塑造“为民之路”

受养护经费短缺的影响，泗阳县一些县道的路况存在一定的问题。在2014年群众路线活动期间，根据征求上来的群众意见，李智主动向上级汇报，争取到县财政投入近1.5亿元，用于改造县道1条、大中修县道3条，让广大群众走上了安全路、满意路。

在泗阳县的新农村建设如火如荼地开展之际，出庄道路的建设得到了各级政府部门的重视，也受到了李智的关注和支持。他利用公路部门的人才和技术优势，带领技术人员深入卢集、高渡、八集和三庄等乡镇，对出庄道路状况进行实地调研，并与乡镇一起研究和规划出庄道路，拟定道路的走向及建设标准等，并派驻技术人员跟踪及监管工程的建设质量。经过努力，10多千米的出庄道路顺利地完成了建设，极大地方便了村民的出行，获得了当地群众的一致好评和称赞。

此外，李智还积极，热心地参与社会公益活动，多次组织干部的职工参加扶贫、济困、献爱心等活动。在与泗阳县八集乡的4个贫困村结对期间，县公路站从资金、技术、实物和生产等多方面落实帮扶措施，为村委会统一添置了电脑、投影仪及部分办公桌椅等设备，改善了村委会的办公条件。此外，公路站还捐建了照明设施，为当地村民送去了光明。

在李智的带领下，泗阳县公路站先后荣获江苏省精神文明建设先进单位、江苏省“工人先锋号”、全省交通运输系统“群众满意基层站所”、全省公路系统“文明执法示范站所”、全市“群众满意基层站所示范单位”等荣誉称号。李智本人也多次受到省、市、县各级行业主管部门和地方政府的表彰。

汤涌：沭阳的“公路卫士”

◉ 祝潮洋

大雨中有他行路的足迹，烈日下有他劳作的身影，寒风中回荡着他的声音，每一米路都浸透着他的汗水。

在沭阳县的公路上，时常可以看到一个瘦高的路政人员辛勤忙碌的身影。瘦瘦的，高高的，说话和蔼，笑声爽朗，为人真诚，英俊挺拔，这就是他给人的第一印象。他就是沭阳县公路站路政大队中队长汤涌。他带领两名路政员负责全县405千米县道的巡查；他将自己的青春和热忱奉献给了公路事业，默默无闻地用满腔赤诚守护着公路的坦途。

工作中的“拼命三郎”

沭阳县县道多，公路站管理的路线长、人手少，路政执法和管理所涉及的区域覆盖35个行政村。作为路政大队的中队长，汤涌不仅要带领执法人员维护好路产路权，清理非路用标志，还要做好巡查日志，及时上报巡查中发现的问题，工作中需要处理各种事项较多，十分繁忙。

在路政执法部门的诸多工作中，创建样板路的工作尤为繁重。2011年至2013年，在205国道的样板路创建工作中，汤涌所在的中队被临时抽调到国道项目中协同作战，并且要达到路面整洁，行道绿化合格，公路两侧不得有非路用标志的要求。这项工作看起来简单，要做好却不是一件易事。在接到任务的时候，汤涌适逢重感冒，浑身酸软无力，几乎虚脱，面对突如其来的病情，汤涌没有退缩，他把药装进口袋，随即便带领中队人员奋战在公路上，和大家一起做好路面的清理工作。

那段时间，正好遭遇持续几天的强暴雨，他首先想到的是车流如织的县道，他知道还有个别路段经不住暴雨的侵蚀，随时都有塌陷的危险，他不等不靠，带领队员们带上工具和警示标志，冒雨在县道上处理险情。

人性化执法保畅通

随着沭阳县经济的发展，沿线乡镇和开发区的开发建设活动日益增多。在经济利益的驱使下，一些民众的爱路、护路意识开始淡薄，致使公路两侧的违章建筑、乱堆乱放、随意设置非路用标志、损坏路产、侵犯路权等现象有上升的趋势。为了更好地维护路产、路权，保障公路的畅通，必须坚决阻止这些违法行为。为此，汤涌决定先摸底，再行动。

他首先对所辖道路全线的违章建筑逐一进行统计，上门对违章户进行《公路法》的宣传教育，有的业主比较难缠，汤涌往往需要十余次上门做工作，晓之以理，动之以情，违章户自知理亏，加上汤涌执着和耐心的态度，最后自行拆除违建。

有一次，汤涌和队员正在外面进行路政执法检查，突然接到群众举报，有车将垃圾倒在公路上。接到举报后，汤涌立即驱车赶到现场，原来是附近一居民家进行房屋拆建，将渣土倒在公路上，经耐心劝说后，驾驶员依然不予配合。按照《公路法》的有关规定，执法人员可以对涉事驾驶员处以一定数额的罚款，但汤涌此时又想到老百姓家盖房不容易，因此决定还是以教育为主。言传不如身教，想到此，汤涌便拿起车上的工具和口袋，和队员们一起打扫起来。倒渣土的居民看到此情此景，感到十分惭愧，于是主动揽下剩余的工作，并诚恳地道歉，路边的居民被汤涌的人性化温情执法所感动，纷纷鼓掌称赞。

正是这样以人为本，公正执法的理念为路政工作的开展奠定了良好的群众基础。仅一个月，汤涌所在的路政中队就清除路障 400 余平方米，拆除乱搭乱建 5 处，拆除非路用标志牌 100 余块，制止违章行为 30 余起。

张二成：公路质量高于一切

◉ 姜跃鹤

只要他听一听摊铺机发动机的声音，就能知道这台机器有没有故障，看一眼摊铺后的沥青路面，就能知道设备的调整有没有到位。

技术从粗到精

“道路沥青层要铺得平整密实，无脱落、掉渣、裂缝、推挤等现象……”施工队队长张二成正在耐心地指导着一位新手，此时他正带着装备检查刚刚摊铺好的路面。

今年43岁的张二成是江苏省冠盛路桥工程有限公司的施工队长，自2003年从部队转业到公司以来，张二成一直在公路一线从事沥青路面的施工工作，无论是作为摊铺机操作手，还是作为摊铺机机长和施工队长，他始终坚持着精益求精的工作态度和雷厉风行的工作作风，受到了广大干部和职工的一致好评，被大家称为工作上的“小钢炮”。“只要他听一听摊铺机发动机的声音，就能知道这台机器有没有故障，看一眼摊铺后的沥青路面，就能知道设备的调整有没有到位，张二成是机械管理的行家！”施工队技术员丁思敏如是说。

从刚进入公路行业开始，张二成就始终坚持干一行、爱一行、钻一行、精一行的理念和追求。由于进口的沥青摊铺机结构复杂、技术先进，操作要求高，仅凭热情难以胜任设备的使用和操作要求，于是，张二成便与业务技术较上了劲，不懂就向别人问，向专家请教；边学边干，认真钻研机械性能；查阅书籍，了解技术参数。仅用了不到半年的时间，他就成为了一名精通业务、技能熟练的操作手。在2003年年底公司组织的摊铺机专业技能比武大赛中，张二成一举取得了第一名的好成绩。

在“烤”验中成长

熟悉沥青路面摊铺作业的人都知道，这项工作不仅需要常年在野外连续施工作业，1个月不回家是常事，而且在沥青路面施工时，每天都要头顶37度以上的高温，开着摊铺机在150多度的沥青混合料上作业，摊铺机操作室的温度常常超过70度，工作环境十分艰苦。由于常年在外作业，毒辣的太阳不仅把他晒成了一个“非洲人”，而且身上还起了湿疹，同事们都劝他到医院治疗，可他总是笑笑就过去了。

张二成就是这样始终坚守在工作岗位上，深怕有一丝闪失。特别是在104国道观音机场至睢宁段养护改善工程的施工中，他带领摊铺机机组全体人员克服了施工时间紧、任务重、标准高、安全形势复杂等种种压力和不利因素，早上4点就起床开始施工作业，一直忙到晚上10点多钟才收工，每天工作达18个小时以上。两个月下来，虽然他的身体消瘦了许多，但他用辛勤的努力和无私的奉献出色地完成了工作任务，确保了工程如期和高质量地完成，工程质量在江苏省交通运输厅质检局组织的质量抽查中获得了第一名，为徐州市的公路建设事业做出了积极的贡献。

从“32个问题怎么办”到科技创新

公路事业的发展离不开科学技术的创新，为积极响应国家节能减排的号召，面对新形势和新要求，江苏省冠盛路桥工程有限公司在公路施工中引进了沥青路面再生技术这项新工艺。新技术的应用对摊铺机作业的要求非常高，给机组人员带来了新的挑战。张二成带领机组人员刻苦钻研，经过认真研究，反复对比和摸索，编制出了一套沥青路面再生技术应用操作手册，把施工中的每一项操作细则都详细列出，同时针对新技术施工中容易出现的问题，制定了“32个问题怎么办”的具体措施，并在施工中严格按照手册和措施中的要求规范操作，从而保证了沥青路面再生技术应用施工的顺利进行。该新技术的顺利应用不仅能够节约社会资源，防止施工给环境带来的污染，而且每年可以节约施工成本 200 多万元，推动了绿色公路、和谐公路的建设和发展。

自 2012 年以来，在张二成担任施工队长期间，公司先后承担了徐贾快速通道工程、104 国道观音机场至睢宁段养护改善工程、249 省道新沂至宿迁段、205 国道新沂改线东北段工程、206 国道贾汪段、323 省道邳州西段及徐州市东环高架和高铁站区等 10 多项“三重一大”及重点工程的施工任务，工程质量全部达到优良级别。

在施工中，沥青路面接头的平整度和压实度事关道路的质量和寿命，如果摊铺机和材料没有达到所要求的操作温度就容易产生接不平和压不实的问题。为此，张二成狠把质量关口，只要发现问题就坚决铣掉，然后重新进行摊铺。有的同事对此很不理解，认为太过严格，但张二成坚定地说：“施工质量是企业的生命，确保工程质量没有瑕疵是我们修路人的职责，也是我们的荣耀，来不得半点含糊”。

为了提高路面的平整度，张二成组织施工人员进行了认真的探讨和钻研，通过采用新的碾压工艺，对摊铺机等施工设备进行技术更新和改造等多项措施，将路面平整度系数由国标规定的 1.0 降到了 0.6 以下，为人民群众安全、舒适地出行创造了良好的环境。

王光明：不倒的筑路脊梁

◉ 郭爱华

身患双侧股骨头坏死 10 年的他，始终奋战在施工一线，用实干注释时间，用拼搏抵抗疼痛，用一条条平坦大道为他的人生增加了幸福的砝码。

2015 年 11 月 14 日，天刚蒙蒙亮，徐州市沛县张庄镇赵楼村县道大中修工程的工地上，一个单薄的身影从简易帐篷里爬出来，在费力地拍了拍身上的石灰和沥青后，便开始去每一个施工点巡查。“这段路基的填筑高度是按照验收标准施工的吧？宽度满足设计要求吧？标高复核过了吗？这儿的钢筋搭接长度符合要求吗……”伴随着一瘸一拐的步伐，王光明的声音也一高一低。

十几个小时之后，王光明会拖着疲惫的身躯回到帐篷。有的时候，他还来不及回“寝室”，便倒头趴在摊铺机或压路机的方向盘上，几秒内就打着呼噜声进入梦乡。

保证乡亲三个月走上平整路

这段路的修筑缘由，还要从 2015 年 8 月 18 日说起，当时王光明随沛县交通局领导来到即将施工的沛县张庄镇赵楼村县道大中修工地，在村东头遇见 74 岁的村民赵兴民推着一辆装满时蔬的农用三轮车一步一歇。在聊天中他得知，近年来农村公路因为部分非法车主无视道路通行能力，随意超载，碾压变成了“坦克路”“罗锅路”，让他们苦不堪言。“大爷，您放心，三个月以后，保证您走上平整的路。”王光明说道。第二天，他便和他的几十位工友在赵楼村附近安营扎寨……当别人问他为什么要这样做时，他说：“我也是农村孩子，要是老百姓干自己家的活都偷奸耍滑，还不被左邻右舍的兄弟、爷们儿笑话死？”在这之后，赵兴民走到哪儿，都得夸夸王光明。

生活中的王光明是一位热爱学习的人，他白天在工地上摸爬滚打，晚上还要挤出时间攻读专业书籍，同时还参加了东南大学公路与城市道路专业成人教育的进修学习。他在实践中学习，在学习中创新，在工程建设中应用。2003 年至 2004 年，王光明在盐淮高速公路施工时，创造性地采用了在生石灰取土场闷料和“雨布换太阳”的特殊措施，解决了施工过程中阴雨多、取土场天然含水量较大的难题，既保证了工程质量又加快了工程进度。2009 年至 2011 年期间，王光明长期驻守在徐济高速公路连接线、沛县西环公路及沛丰公路改扩建工程的施工一线。他带领技术人员亲临现场进行把关，遇到新的问题及时解决并总结分析，有时在现场指挥协调施工长达十多个小时，直到问题得到解决、施工步入正轨，才返回住处。回到住所后不仅要处理日常事务，还要查阅大量的有关书籍，学习沥青混凝土施工新技术和管理知识，安排下一步的施工计划。睡一个“安稳觉”对于大多数人来说是一件再简单不过的事，但对王光明来说却是一件非常奢侈的事。

可对于这些劳累，王光明的感受和其他人不太一样——每当工程竣工投入使用后，看到路上畅快飞奔的汽车和群众脸上洋溢着的幸福笑容，他就有一种仿佛在百米赛道冲刺的感觉，希望自己能一直奔跑，更快一些，更稳一些，这样，终点的欢呼和微笑才会更多、更真诚。

隐瞒病情近十年

王光明从身强体壮到终身残疾，这样的转变仅仅发生在不到一个月的时间中。那是 2006 年 10 月 16 日，江苏省徐州市丰县到安徽黄口的公路进入施工最后的扫尾阶段。这一天，一向结实健壮的王光明因为腿疼倒在了工地上。一开始，他以为是连日的奔波、休息不好导致的，但他没想到，第二天早上起来，疼得更厉害了。在县医院，值班医生拿到 X 光片，犹豫了一下告诉他：“到市里大医院看看吧。”疑惑的王光明来到徐州市第二医院疼痛科，当班的主任医师拿着 CT 片说：“双侧股骨头坏死，先到住院部交五千元，争取尽快手术。”“医生，我明天来吧，今天钱没有带够。”而其实，王光明当时身上有一万多元，但与如此严重的病情相比，他更惦记着还没有完成的工程，更放心不下他日夜操劳和付出的工地。

在坐车回沛县的路上，王光明就在考虑一个问题：如何说服妻子同意等工程结束再来手术。这一天是 11 月 13 日。

当晚，王光明告诉妻子：“告诉你个事，你一定要替我瞒着，今天检查医生说我这是双侧股骨头坏死，但人家说现在年轻，可以保守治疗，不影响我明天去工地修路。”“不行！从前什么事都是你说了算，但这次不行，我天亮就去找你领导，万一你要有个三长两短，我们娘仨怎么活呀。”妻子痛哭。但性格如同军人般坚强、刚毅的王光明不肯妥协：“你也知道，我在工作上主张干脆利落，不拖沓，现在工程进入最关键的阶段，我不能中途离开！”

“那也不行，你愿意把自己这 100 多斤丢给工地，我和孩子不愿意，只要我把你的病情实话告诉你们领导，人家肯定会同意你在家歇着的。”妻子说道。“这样在家待着，我会窝出病来的，要不我明天上午到工地交代一下，下午回来在家陪你，什么时候好利索了，什么时候再去。”王光明假装着答应下来。这样你一言我一语的“谈判”到深夜才划上句号。

第二天，王光明收起了病历和CT片，准时出现在工地上，随后这么多年，他再也不提“什么时候好利索了再去工地”，每天仍然像往常一样充满激情和斗志地带领着手下几十位同事出现在施工现场，身边的同事都说：“王经理在，我们干活就更有劲”。

不做手术，仅靠服用止痛片

手术的事一直搁置到2015年。在这期间，王光明一度认为自己的病情已无大碍，仍然像往常一样全力投入到沛县东环下穿立交桥工程中。2015年4月16日是深基坑开挖的第一天，4台钻孔打桩机呈锯齿状排开，准备探取10米以下的地质样品，为下一步的桥墩支柱工程提供翔实的施工依据。不料，当其中一台打桩机打到地下7.8米时，地下水突然喷涌而出，随后，其余的3台打桩机遇到的情况如出一辙，施工被迫中断。

情况反映到沛县公路站和县交通局，当地能请的专家都请了，想了很多办法仍无济于事。王光明会同工程设计师查阅资料，历经两个昼夜的实验，最后决定采取双层止水带的控制办法。

4月19日上午11时13分，当4台钻机重新投入工作时，站在一旁指挥的王光明忽然痛苦地喊了声“我的腿……”，随即瘫倒在了满是泥浆的工地上。

公路站领导这才知道真实情况，于是决定把他调到机关科室。谁知王光明上午报到，下午就找到站长说：“我这点伤没有啥，骨头离心脏远着呢，大家都很忙，如果我再休息，那我的工作就要压到别人身上，这等于让别人替我挣工资，你说咋办！”在如愿回到岗位后，王光明又开始“得寸进尺”地忘我加班。技术员梅发淳说：“我下班了他还在上班，我上班了他也在上班，我第二天来上班他又在上班，这不是铁人吗？”

即使是对一般的健康人来说，休息不好都会体力不支。而每天站十多个小时且不停地干活，对于一个双侧股骨头坏死的病人来说无疑是极大的摧残和折磨。然而，这对王光明来说已经成为了生活中的习惯，这些年，在他身上随时能找到两样东西：手机和止痛片，前者用于调度工作进展情况，后者用来暂缓腿部疼痛，一感觉到疼，就吃上两片。

王光明手下的40多位工人几乎都帮他办过一件事，那就是购买止痛片。因为平时这种药无论是在哪购买都是有数量限制的，王光明没办法一次买到足够的储备量，就想了让工人帮他买药的“馊主意”，直到现在。

王光明的儿子王安琪说：“小时候，妈妈、姐姐和我曾多次央求爸爸带我们到北京旅游，每次爸爸都说等有机会了一定去。我大学毕业后有幸和爸爸做了同事，才知道老爸是多么热爱他的工作，他把更多的‘机会’留给了修路。”

刘春红：盛开在三环路上的鲜花

◉ 朱冬

刘春红始终坚守在环卫一线，平凡如许，执着如斯。她知道生命的意义不在于得到多少掌声与赞扬，而在于能给这个社会创造出多少有形或无形的财富，能让多少人因为她的存在而生活得更加幸福与快乐。

在徐州市三环路公路站管辖的路段上，时常会看到一位女性养路工的身影。她有时在公路上巡视，有时在商铺里向业主宣传环卫

保洁知识。她就是刘春红，徐州市三环路公路管理站养护公司的一名普通职工。自2004年以来，刘春红一直在基层从事道路保洁管理工作。在这个平凡的岗位上她一干就是十几年，曾连续多年荣获市局、市处授予的“先进工作者”荣誉称号。在市政府举办的2014年度“最美环卫工人”及优秀环卫工人评选活动中，刘春红获得了“优秀环卫工人”的称号。前不久，她又被徐州市总工会授予2012年至2014年度徐州市五一巾帼标兵荣誉称号。

勇挑重担　争做行业先锋

2009年，由于城市管理的需要，徐州市三环路开始实行市场化保洁，站领导对中标后的保洁工作非常重视，希望在同行业中脱颖而出，在市城管局树立一个新的三环路保洁形象。在这种形势下，刘春红挑下这个重担，担任了金环物业公司的主管。以前道路保洁工作的重点是保畅通，养护标准则是保持快慢车道的路面干净；而如今，不仅保洁面积加大，保洁的标准和要求也在提高，市二级环卫部门的检查制度也更加严格。三环路位于城乡结合段，尤其是东三环和北三环，车辆撒漏现象严重，路域环境较差，门面房乱倒垃圾等问题较多，工人们原先的保洁观念没有转变，畏难情绪较大，有些人干脆选择辞职。

面对这一系列的困难，刘春红认为首先要做好工人的思想工作，建立一个稳定的团队，然后再逐一解决问题。她主动到各经营业主的门店前讲解环卫保洁工作的意义，争取业主的理解和配合，又带领工人对以前遗留下来的问题进行了综合整治，给市民带来了优美的行车环境。在她和大家的共同努力下，金环物业公司迈上了一个新的台阶，在市区两级环卫部门组织的几次大检查中，均取得了优异的成绩，多次得到各级领导的表扬。

身体力行 为创卫添砖加瓦

2011 年，徐州市高铁站站区内的道路保洁工作交由金环物业负责。高铁是徐州的文明窗口，更是徐州的形象代言，高铁站周边环境的重要性不言而喻。当时距离通车只有不足半个月的时间，而高铁站的环境很不好，前期工地施工留下来很多问题，如建筑垃圾多、路面拖带多、路面泥土多、绿化正在施工等问题。在这样时间紧、任务重的形势下，刘春红没有选择气馁和退缩，她冒着滂沱大雨，就近招聘工人。云龙区长山村委会的张主任在了解了她的工作后非常感动，主动利用村里的广播，帮她宣传招聘启事，给了她极大的帮助。仅仅两天时间就招到了三十多位工人，经过紧张的安全和技能培训，刘春红和工人们一起早出晚归、加班加点，突击整治了站区内每条道路的环境卫生，使站内的保洁工作走向了正轨，确保了通车后的环境卫生质量。

创建国家卫生城市是徐州市一项任务艰巨的工程，也是市领导极为重视的一项工作。2014 年上半年创卫工作进入了关键时期，三环路作为市区的主要道路，其环境卫生状况尤为重要。刘春红带领班组长亲自进行检查，她和工人们一起彻底梳理了三环北路沿线上的杂草杂物，连河道内的漂浮物她都想办法打捞了上来。同时，她还联系了路政、城管等部门进行联合执法，到邻近的厂矿企业宣传创卫工作的重要性，收到了显著的效果。

默默奉献　爱心浇灌公路花

2014 年 7 月，由于行政区划调整的需要，原先由铜山公路站管养的 323 省道徐庄工区被划分给了徐州市三环路公路管理站。徐庄工区需要一名有经验的管理者，于是计划选派刘春红到几十里外的徐庄工区担任工区主任。在接到公司的安排时，刘春红也犹豫过，此时她的孩子正读高三，在这段关键的时期，更需要她的关心和陪伴，但在家庭和工作的抉择中，她最终还是说服自己，按照组织的安排来到了新的岗位上。

这时恰逢青奥会和省运会即将召开，道路环境亟须整治。她主动找到了当地镇政府协同她一起进行路域环境的整治工作，改善了集镇段的道路环境。

工作上刘春红是一个对自己要求严格的人，生活中的她却有着一副热心肠。徐庄工区见勤工朱信文的妻子脑癌已到了晚期，花了十几万元的手术费，加上定期化疗住院的费用，对于农村家庭来说压力很大。刘春红听说后主动去医院探望，及时向领导汇报了情况，并带头捐款。在组织的关怀和帮助下，朱信文和家人多了一份战胜病魔的勇气和毅力。

刘春红 19 年如一日，不管冬寒夏暑地奋战在三环路及国、省干线公路上，用辛勤的汗水浇灌着公路之花，实践着不求名利，但求奉献的承诺。

王伟强：扎根农村干实事

◉赵栋 夏凯

在王伟强身上，始终凝聚着一种公路人特有的“铺路石”精神，无论身处什么样的环境，什么样的职位，他都会把这种精神发扬光大，并感染和鼓舞周围的人。

近年来，到泰兴市分界镇王厂村返乡或省亲的人都会发现村里大变样了：多年的断头路通了，原来发臭的河塘水变清了，通村路

两旁的绿化也建起来了，路灯在夜色中次第点亮。看到这些身边的变化，村民们喜上眉梢，大家都说，这都多亏了挂职的王书记啊。

见到王伟强是在王厂村新落成的村综合服务中心里，他正在跟买东西的村民了解行情。说起挂职的经历，他打开了话匣子。2012年9月，经由泰州市委组织部选派，他从泰州市公路管理处被选派到王厂村任党总支书记。那时的王厂村在东半市很“出名”。一是大——由王厂、张厂和常赵三村组成，4 800口人；二是穷——在分界镇的14个自然村中，连续6年综合排名倒数第一，村里没有工厂，村集体欠债59.6万元；三是“乱”——上访、打架事件不断……憨厚的王伟强笑着说：“我以前没到农村工作过，但我知道农民的难处。我能做的不多，能帮着农民兄弟解决点难题，我就满足了。”

他是这么说的，也是这么做的。

村里建起了企业

“无工不富”，有了企业，村子发展的后劲才会更足。上任伊始，王伟强就有了要帮村里建企业的念头。2013年2月份刚过，王伟强就开始跑起了招商，在多次到苏州、无锡、常州等地跑市场、看项目和调研之后，最终确定了塑料制品项目。同时，他和同事们通过商会联系在外的泰兴籍企业家，以情招商，登门拜访，磨破了嘴皮子，走烂了鞋底子。在他真挚的感召下，在充足的劳动力及免租金、地皮优惠等政策的吸引下，同年5月，王厂村第一家村办企业——塑料制品厂正式成立，由于有稳定的市场保障，该厂当年的销售额达到600万元，同时还解决了村里50多名富余劳动力的就业。

与此同时，王伟强打出了集体致富的第二招——盘活村集体资产。他通过清算集体债务和整合资产，摸清了“家底”，同时，发动本村能人捐资、向上争取项目等多项措施，化解了村级债务27万元，筹措资金近120万元，初步解决了村集体的难题。

王厂村临近如皋市的高明镇，高明的苗木市场生意异常火爆，村里有不少人在高明从事苗木生意。精明的王伟强从中嗅到了商机，他看到环保绿化在各地方兴未艾，从事苗木绿化经营前景不错。于是在2014年年初，他带领村干部专程到高明镇学习，回来后，村两委会一班人坐到一起讨论了一天——王厂村能不能搞苗木基地生意？讨论后认为可行。村集体先行流转部分土地搞试点，邀请能人回来入股、指导，组建专业合作社，试点成功后再带动农户参与，村集体扛起风险，尽量让农户低风险、高收益。3月份，村集体投资20万元的20亩基地基本建成，先期购买的10万元苗木已在专人的指导下送到了基地里。

村容路貌大变样

“新农村一定要有新面貌”，王伟强把目光转向了村庄环境整治。刚来王厂村时，垃圾随处可见，穿村的河里漂浮着塑料袋、剩菜的泔水，散发着腐臭的味道。

“美丽的乡村一定要有清洁的环境”。他挥起了环境整治“三板斧”——抓垃圾入箱、搞村庄亮化绿化、整理河道——投入2.1万元在全村增设垃圾箱23个，安排专人打扫，村民将垃圾投箱，基本解决了“垃圾遍地”的问题；投入21万元铺设了1 200米的水泥道路，投入15万元在全村5 000米主干道旁安装了150盏路灯，投入15万元实施沿村 6 000 米道路绿化；雇佣专人清扫河道“水葫芦”，宣传禁止向河道丢弃剩菜剩饭等垃圾。一个更整洁、更通畅、更干净的王厂村呈现在村民的眼前。

2012 年开始，村里投入 8 万元整修硬质渠道、电灌站，争取了 4 座农桥项目，筹措 18 万元自建农桥 1 座，村集体安排配套资金 40 万元专款，对全村纳入项目的 13 座电灌站、2.8 万米渠道、1 800 米路道进行修缮，新增 200 亩高效农业项目。

执政为民

王伟强还瞄准了村公共服务中心建设。中心建设需要大量资金，他多方拓“源”。2013 年 5 月，王伟强和村两委一班人到了市公路管理处寻求帮助，并和村两委一班人拜访王厂村在外能人帮助建设。7 月，总面积 880 平方米的村综合服务大楼正式动工建设，2013 年年底，服务中心两层楼顺利通过验收，乡村医院、超市、邮局快递、办证中心等悉数投用，“小病不出村、方便在村里”变成了现实，极大地方便了群众。

王伟强常说，一名合格的村干部，不仅要有干事的热情，还要有法律的头脑。村二组的戴润先，因与邻居的宅基地界址纠纷，老戴一直认为自己的地被占了，每年都要上访，已经有 5 年之久了。王伟强经多方了解后，先后 10 多次到现场勘查，多次与纠纷双方交谈。2015 年 1 月初，在镇矛盾纠纷调解中心、村干部的帮助下，他再次来到当事人家中调解。月底，戴润先表示接受王书记提出的方案，另一方也予以认可，双方签订了和解协议。至此，拖了 5 年多的纠纷得以顺利化解。

李东海：泰常线上的“编外护路员”

◉沈炎峰 王志平 张炯

“路在我们脚下，但是我们也要把路放在心中。”凭着对公路的感情，李东海退休后义务当起了护路人，他用心维护着泰常公路的安全和美丽，让它更好地造福百姓。

2014年3月，夏收夏种已经全面开始。看到少数群众去年堆放在省道泰常线焦土港桥下的玉米秸秆仍未清除，年过七旬的李东海拉着蒋华养护工区主任许昌国来到现场实地勘察。

“这些秸秆越来越干燥，一遇明火就会燃烧，将对公路大桥造成很大的危胁，必须抓紧时间清运干净，消除大桥的安全隐患。”李东海急切地说。眼下又到了农忙季节，这些秸秆如不尽快清理干净，还将会在这一年的秸秆禁烧工作中产生很大的“反作用”。

“谢谢你，老李。我们马上就和群众协商，尽快组织行动”。许昌国握着李东海的手说。

他用一身正气来护路

泰常线贯穿泰兴市虹桥镇蒋华村，蒋华集镇段总长约 2 千米。每天行走在宽阔平坦的泰常线上，李东海与路的感情很深。李东海原先担任潘元村支书，2001 年潘元村与其他村合并组建成新的蒋华村后退休。

李东海退休那年的“四夏”大忙期间，收割机械已逐渐增多，很多村民图省事，就把小麦和稻谷晾晒在公路上，有的干脆把秸秆堆在公路边一烧了之。一时间，公路上满是小麦和稻谷，公路边浓烟滚滚，车辆行人叫苦不迭。李东海意识到村民的这种不自觉行为不仅会成为行车的安全隐患，而且也损毁路边绿化，侵害路产路权。他立即参与到劝阻与扑救的队伍中来。“我们都是靠着这条路过上了好日子，现在怎么能随意损害公路？”在李东海的苦劝之下，全村焚烧秸秆、占用公路打谷、晒场的现象明显减少。随着政府对秸秆禁烧禁抛重视程度的提升，李东海“管闲事”的劲头更足了，一到农忙就参与公路巡查，发现有人点火，不由分说先予制止，甚至不惜与乡亲们“红脸”。他还配合当地政府和公路部门，加大了宣传引导的力度，除了帮助悬挂横幅，张贴标语外，一有时间就在公路边巡查守护，面对面地引导和劝阻焚烧秸秆的行为，劝诫群众不要在公路上打谷晒场。在他的努力之下，当地已多年未发现在公路上焚烧秸秆和占用公路打谷晒场的现象。

为公路建设谏言献策

省道泰常线蒋华集镇段虽然不长，但是商贾云集，店铺林立；加上县道张蒋线在此交汇，附近还有一座乡镇客运站，交通非常繁忙，路政管理的难度较大。

退休后的李东海俨然就是一个新上任的“路政管理员”，凭着自己的威信和声望，他不厌其烦地和沿街业主沟通，最大限度地劝阻占道经营和非标现象，赢得了大家的理解和支持。在省、市公路主管部门组织的多次检查评比中，蒋华集镇段都获得了较高的评价。

从 2009 年起，随着泰兴市虹桥工业园区发展步伐的加快，征地动迁的范围也越来越大，不少人看中了二手建材的潜在市场，专门做起了二手建材的收购和销售生意，并且催生了二手建材交易的“马路市场”，逐渐成为了省道泰常线蒋华集镇段管理的“顽疾”。业主们看中了泰常线蒋华集镇段的交通区位优势，纷纷涌向泰常线租赁场地，开张营业。一时间，蒋华集镇段的二手建材商店达到了 13 家之多，公路两侧停满了装运门窗、圈梁的卡车和农用车，原本繁忙的泰常线更加喧闹，交通安全隐患不断增多。

李东海敏锐地意识到了这一现象背后的潜在问题和机遇，他向当地政府和公路主管部门建议，在交通便利的泰常线和张蒋线东侧开辟专门的旧货交易市场，引导业主进场经营，既能化解路政管理的难题，又形成了专业化的交易市场，可谓一举多得。

李东海的建议引起了当地政府和公路主管部门的高度重视，将公路沿线的废品回收站也一并纳入了清理整治的范围，同时选定泰常线和张蒋线东侧的原蒋华保险公司的闲置场地作为专门的旧货交易市场，投入资金进行了改造，建起了经营管理用房，落实了专门的管理人员，确保规范经营。目前，泰常线蒋华集镇段路边所有的二手建材交易店铺和废品收购店铺已经全部销声匿迹，位于原蒋华保险公司闲置场地上的二手货交易市场却因为“货多成市”更加红火。

他是公路部门与群众的“沟通桥梁”

李东海因为爱路、护路逐渐出了名，已经成为公路主管部门和当地群众之间的沟通桥梁。

“他既维护了路产路权，同时也把群众利益放到了重要位置，确实不容易。”泰兴市金华养护公司蒋华养护工区主任许昌国说。正是因为李东海的“双向”沟通，很多关于“人”和“路”的问题都被迅速化解在萌芽状态，避免了矛盾激化。

2009 年，由于省道泰常线拓宽改造，蒋华村周元、秦一、秦二和鸽子四个村民小组的 500 亩农田水系遭受破坏。一场大雨之后，农田内涝严重，部分村民家中积水，李东海知道这一情况后，立即和蒋华养护工区取得了联系，商定解决方案，并挨家挨户开展思想工作，安抚心急如焚的村民。随后，李东海又动员当地村民，全程配合施工人员连夜施工，增设过路涵洞，抢修排水设施，很快解决了村民的心头之患，并协助工区对群众进行了补偿。

“路在我们脚下，但是我们也要把路放在心中。”李东海经常说，同时他也在用实际行动履行着自己的诺言，用心维护公路的安全和美丽，让它更好地造福百姓。

洪珊梅：绽放在“彩虹之窗”的文明班花

◉ 吴小萍

已经记不清有多少个日日夜夜，洪珊梅都坚守在收费岗位上，与疲惫抗衡、与困意较量。她说：“我们的岗亭很小，但我们服务的人员很广泛。我们的服务虽然微不足道，但是我们服务的热情却依然高涨。”

“唱收付，口齿清；打票据，出手快；递钱款，稳又准……”在泰州市公路系统的各个收费站，流传着这样一首朗朗上口的“三字经”，这首“三字经”的原创作者就是泰州市省道334线黄桥收费站的班长洪珊梅。

省道334线黄桥收费站“彩虹之窗”自创建成为第三届江苏公路服务品牌后，相继开展了“品牌树形象，文明促和谐”“唱响品牌，共济和谐”等主题推广活动，在这一系列活动中，洪珊梅总是保持着极高的热情和全身心的投入。

洪珊梅虽然从事的是平凡的收费工作，但她用和善温良的话语为来来往往的司乘服务；她热衷于社会公益事业，和班组成员一起组成“社会妈妈”结对帮扶留守儿童；她带领的女子班组荣获省级“巾帼文明岗”。她个人先后荣获青年岗位能手、巾帼建功标兵和十佳“社会妈妈”等荣誉称号。洪珊梅在平凡的岗位上谱写了多彩的人生篇章。

苦练技能学本领

收费站是纵横交错的公路网络上的一个个节点，要确保路网交通的畅通有序，收费员就必须提供优质高效的服务。为了提高全班组的业务技能，洪珊梅不仅自己带头学习业务知识，还经常组织班组成员一起交流“打逃”经验和工作心得。

差错率是评价收费工作好坏的重要指标，洪珊梅始终要求全班组成员工作零差错。为了实现这一目标，她经常找出以往工作中出现差错的记录，找到当事人分析当时的实际情况，琢磨分析差错的原因，避免班组成员再犯类似错误。收费工作自然离不开和钱打交道，识别假币也是收费员的一门必修课。为了提高识别技能，洪珊梅带着大家勤学苦练，向银行工作人员请教，全班组练就了过硬的识别本领，仅凭借眼看、手摸就能迅速判断出真假。

在实际工作中，洪珊梅时刻以大局为重，多次主动放弃休息时间，积极参与道口的保畅工作，特别是遇到重大节假日车流量骤增、一线班组人手不足时，她经常主动请缨加班加点。2015 年春节期间，大批返程车辆造成收费站道口的交通压力猛增。即将上中班的她在发高烧，领导和班组成员都劝她回家休息，她却强忍着身体不适，坚持到下班。

经过“巾帼文明岗”当班道口的司机都有一个难忘的印象，收费亭内的笑容和问候特别亲切，服务特别迅捷和周到，这与洪珊梅带领班组推行的“微笑工程”密不可分。

收费员每天都要与为数众多的驾驶员打交道。少数驾驶员对收费站的工作不理解，经常出言不逊，情绪激动。但洪珊梅相信，微笑是最好的沟通语言，真诚是化解矛盾的万能钥匙。她要求班组人员充分挖掘和发挥巾帼班的优势，以平和的态度、淡定的心态，坚持晓之以理，动之以情，让司乘从不理解到理解，由不满意到满意，用自己真诚的服务化解矛盾。正是凭着这种过硬的工作作风和优质的服务水平，十多年来,洪珊梅克服了工作中的一个又一个难题,创造了自工作以来“零投诉”的记录。

社会责任树新风

“服务无止境、奉献到永远”是巾帼班的文明服务口号。洪珊梅要求班组的每一位成员要像彩虹一样为司乘人员提供自然清新、多样化的服务。在实施人性化的日常便民服务中，她注重细节服务，创建了“彩虹班组”服务驿站 QQ 群，带领班组成员积极参与春节民工返乡送温暖、农忙季节送便利、雨雪天气送关怀、夏季送清凉等活动。

虽然收费员的工作在岗亭内进行，但他们的服务意识并不仅仅局限在岗亭。收费道口常常会遇到一些意想不到的情况，2014 年 6 月的一个晚上，一位老人徘徊在一号车道边，老人奇怪的举动引起了洪珊梅的注意。她上前询问后，发现老人神情木讷、语无伦次，无法提供准确有效的信息。面对这一情况，洪珊梅搬来椅子，让老人在安全岛坐下，又递上温水，稳定他的情绪，随后电话联系了当地派出所请求援助。很快民警就赶到现场，将老人接回派出所进一步处理和援助。

在市妇联和交通系统举办的“社会妈妈”与“留守孩子”结对帮扶活动中，洪珊梅认领了父母长年在外打工、寄宿在婶婶家的留守儿童王鹏飞，担当起了“社会妈妈”的责任，并将这份额外的责任当作迟到的缘份呵护备至。为弥补小鹏飞母爱的缺失，每个双休日，洪珊梅都会把孩子接到家中，让儿子和他一起玩耍，一起下棋。她也总能抽出时间帮孩子料理个人卫生，同时也不忘为他辅导功课，和他交流人生的理想和价值。在洪珊梅的关心和帮助下，小鹏飞的性格变得开朗了，自信心也增强了许多，更可喜的是学习成绩也有了很大的进步。

“如果可能，我要参与更多的社会公益事业。”她说。平凡的岗位、简单的工作，只要时时用心、处处留心，就能焕发出光辉，照亮别人。也正是秉持着这一信念，洪珊梅带领她的班组成员们将“服务无止境、奉献到永远”这一服务理念赋予了新的内涵。

秦长国：受人尊敬的“老抠”

◉ 顾枫

廉如深山幽兰，不言自芳。秦长国就是这样一个人，他的廉洁之风，修身之气，贯穿始终，感染并感动着周围的人。他如同一面镜子，时刻提醒着人们要抵得住诱惑，撑得住信念。

省一分是一分

在盐城市公路处，秦长国被大家在私底下亲切地称为“老抠”，这个昵称是有由来的。2009 年年初，市政府为改变盐城“临海不靠海”的尴尬格局，决定对 331 省道盐城东段进行大规模的改扩建。因为是大市区的通海工程，从市委书记、市长到普通市民都极为关注，当时项目的预算投资就达 13 亿元。为了保护路中央的一棵百年银杏，秦长国曾积极争取领导支持，不惜增加投资 300 多万元进行分道设计，让这棵大树成为路中央的风景。可是，这并不意味着秦长国花起钱来大手大脚，拿他的话来说，这些都是必须花的钱，而“能省的钱”则是“省一分是一分”。

在秦长国看来，“能省的钱”就是通过优化设计能够少用、最好不用的钱。331 省道原有老路的路面按设计需要全部铣刨，重新做基础。秦长国在认真察看现场后却有着不同的想法：老路标准虽低，但经过了多年的沉降后基础应当不错，而铣刨路面本身就需要一笔不小的支出，而处理废料则更花钱，并且污染环境。何不搞“旧物”利用呢？于是他安排进行了弯沉测试，请检测单位从头到尾对老路测试和“体检”，结果 30 多千米的路段中只铣刨了实在不能利用的几千米，仅此一项就节省下来数千万元，最终省道 331 线工程总计比预算节省了 2 亿多元。

比全国早 3 年执行“八项规定”

秦长国不仅在工程项目经费上能节约就节约，就是在平时日常管理费用的控制上，他也是能“抠”则“抠”。2010 年前后，省道 331 线盐城东段因为质量优良，低碳环保，且工程施工自始至终安全无事故，因此获得了从市“精品工程”、到省“十大环境友好工程”和全国“劳动竞赛先进集体”等一系列荣誉，各层各级、各式各样的奖项来了一大堆，项目管理办公室的同志在欣喜之余，也旁敲侧击地建议秦长国名正言顺地发点奖金，让大家“开心开心”。可他却“抠门”得不行，硬带着玩笑说，这些都是大家本应当做的工作，平时的工资补助已经一分不少地发给大家了，应该心满意足才对。见有的同志不服气，他又语重心长地说：“如果真要发奖金的话，我作为带头人肯定不会比大家拿得少，但回头看看人家企业职工，工作未必不比我们辛苦，但挣的钱却少得多，我们再额外拿奖金能心安吗？一席话让大家心服口服。在党的“十八大”召开后，对党员干部提出了“八项规定”，有同志打趣说：“我们比全国早执行了3年。”

反贪防腐，文化先行

工程建设领域一向是腐败案件的高发地带，发生的案件可谓不胜枚举。秦长国心里始终记着上级领导反复交代的六个字——“干成事，不出事”。他知道，这意味着不仅要管紧公家的钱袋子，还要看紧每个同志手里的钱夹子，因为每当钱夹子里多一张不清不白的钞票，钱袋子里就要有成百上千倍的损失。为了能有效防止和遏制腐败，他从完善制度、建立预防腐败的体系入手，制定了一系列的规章制度，把廉政工作纳入到正常的工程管理之中。如建立网上计量支付系统平台，通过计算机这位无情的“法官”，公平公正地处理这个在工程项目管理中最棘手的难题。他还在上级领导的支持下，与审计部门合作，开创了交通项目“跟踪审计”的先例，商请市审计局派出审计小组常驻公路工程工地，进行现场审计监督。尤其值得一提的是，秦长国在组织编写《S331文化管理手册》和《城市快速路网文化管理手册》的过程中将廉政方面的制度要求与工程建设中各环节的管理巧妙地揉合起来，使廉政工作制度一改以往的“嘴上说说”“墙上挂挂”的传统，深入地落实和融合到了工程管理的全过程之中。在古时有“远人不服，以文化之”的哲言，而秦长国则将其进一步延伸为“人有贪念，以文化之”的理念。

六亲不认惹嫂怨

作为一个团队的负责人，秦长国做领导的方法很简单——“其身正，不令则行；其身不正，虽令不行”。所以，无论是在工作中还是在工作之外，他都十分注意自己的一言一行，努力为大伙儿做好表率。在从事工程管理工作的这几十年中，秦长国结识了数不清的施工队伍和材料供应商，自然也有人试图在他那里通过“托关系”“走后门”谋取不正当的利益。然而这么多年来，他从未曾介绍过一人到工地、一份材料到现场。他有一个表嫂做砂石生意，曾想沾小兄弟的“光”，托他帮忙往工程项目上推销点材料，且言明“价钱保证不比人家高”，不会让这个当官的小兄弟为难。可秦长国仍然婉言给表嫂挡了回去，他说：“质优价廉，人家施工单位自然会用，何需我介绍？我一介绍总难免瓜田李下说不清！”秦长国一席话让表嫂哑口无言，只得在背后跟表哥抱怨有这么一个“六亲不认”的兄弟。

卫东：把公路当成自己的孩子

◉ 仇金留

在卫东的心里，养路虽苦，但更多的感觉是充实而快乐。卫东说，当看见过往司乘脸上的笑容时，一身的疲倦顿然消失，曾经吃过的苦也变甜了。

以路为家三十载

与一般人总是想着干大事、挣大钱相比，养路工卫东的想法非常“另类”——在干上养路护路这个最普通的行当后，也曾有过多次“找上门”的机遇，可以换个更“光彩”、更有“地位”、收入也更高的岗位，但他都没有为之所动，依然坚定地从事着这份工作。他以路为家，以苦为乐，对自己养护的路如同对自己的身体一样熟悉，爱护路就像爱护自己的孩子一般。

46 岁的卫东是盐城市盐都区公路站北蒋养路工区的养路工。1987 年，17 岁的他接替母亲上岗。从那时起，他就与路融为了一体，一干便是近 30 年。卫东现在负责省道 331 线盐都区北蒋段 4.1 千米路面的养护。他说，如果这些道路出现了破损，就如同自己的孩子受了伤一样难受。这段路他来来回回不知走过了多少遍，路上的每一个坑，每一棵树，每一条水沟他都烂熟于心。

日日与路相伴，卫东对自己养护的道路产生了一种血脉相连的感情。“30 年了，我对负责的路段，对这份工作都有了很深的感情，我放不下这份工作。”常年的日晒雨淋让卫东皮肤变得黝黑。他不善于表达，能够表达他内心世界的，只有真挚的笑容和对工作的一丝不苟。

以前进行公路养护时，没有现代化的设备和工具，卫东全靠人工，通过铲、挖、挑、提等劳动来完成养护作业，他的手上、脚上和肩膀上，不知磨出过多少血泡，甚至有的都结成了一层硬痂。凭着铁锹、扫帚这样简单的工具，他填平了路上的无数个坑洼，扫走了无数车辆掉落在路面上的杂物。

为民服务　扎根于心

卫东常常说，养路人不仅仅要把路管好养好，还要尽可能地让车辆在路上走好，走得安全。刚上班时，一天夜里下起大雨，卫东没有意识到要及时上路排除积水，他负责的路段被冲出一道道雨淋沟。一位老前辈把他狠狠地批评了一顿，大家用了几天时间才把水毁路段抢修好。有了这个教训后，无论是在工作日还是在节假日，无论是在白天还是黑夜，下大雨时卫东都会在第一时间赶到，他所养护的路段再也没有发生过被雨水冲毁的事情。

在前些年，公路的路况比较差。一次，一辆拖拉机因为公路上破损的坑塘不幸翻车，司机摔得满脸是血。卫东及时赶到，救助了伤员，那次事故也让卫东感慨万分，自己的岗位虽然微不足道，但是很有价值。“有了养路工，公路才畅通！”

2013 年 6 月 14 日晚，一场突如其来的台风袭卷了盐城，吹倒了公路沿线大量的树木和标志牌，造成了极大的安全隐患。险情就是命令，在得知台风来临后，卫东立即赶往管养路段，仔细进行清查，和工区的其他同志一起清除隐患，一直忙到天亮。早上风停了，一夜未休息的卫东，发现一些树木的粗树枝被刮断，但又没有完全掉下，如果不及时将这些树枝砍断，一旦树枝掉落就可能砸到行人，危及来往车辆的安全，他又忙用电锯将树上残枝一一清除。

2015 年 1 月 28 日夜间，羊年的首场大雪突袭盐城，对车辆出行造成了严重影响。29 日凌晨 5 点，卫东就冒着严寒上路清扫路面积雪。天公也似乎有意考验他的耐心和责任心，雪不停地下，刚刚清扫完毕，又得进行第二次、甚至第三次清扫。他就是通过这样不间断的重复作业有力地保证了路面的正常通行。

2014 年 6 月，一辆拖拉机从卫东管养的路段经过，十多包鸡屎从车上掉下来，每包都有 40 多斤。摔破的袋子散落在路面上，鸡屎在闷热的天气中散发出难闻的气味。路过这里的车辆和行人都绕道而行，影响了交通。卫东看到这一情况后，默默地把鸡屎一包一包地清理干净。“一开始用铁锹铲，后来发现根本不行，只能用手扒、用手拖。”卫东回忆。回家后，他便立即洗澡，身上一股味道，衣服也洗不干净。

从门外汉到技术能手

作为一名代表工，卫东的工资是比较低的，现在扣除各种保险，拿到手里的只有 1 500 多元。“养了这么多年的路，虽然眼前工资还是比较低，但我相信以后政策会好的，平时领导也很关心我们。”卫东说。公路养护不仅是一项体力活，更是一项技术活。平日里，修补坑塘、清理边沟、割除路肩杂草等都是养路工的工作范畴。卫东知道自己缺乏专业知识，为了尽快掌握公路养护的专业知识，在技术上有所突破，他拿出一股“拼命三郎”的劲头潜心钻研、努力学习，白天工作，晚上在家给自己“充电”。功夫不负有心人，卫东终于在理论与实践中摸索出了一套自己的护路和养路方法，自己也成了盐都区公路站“一路阳光”服务班组的一名技术能手。

为了减少陡坡和急弯路段发生事故的可能性，卫东对辖区内的公路实行分段、分级别的养护，把养护重点安排在急弯陡坡上，做到勤检查、勤排水、勤清扫、勤修补，不断提高养护质量。30 年来，卫东管养的路面质量在全区一直名列前茅。